超簡単!

おしゃべり起業の教科書

1日15分のスマホ配信で
月収プラス10万円

Miura

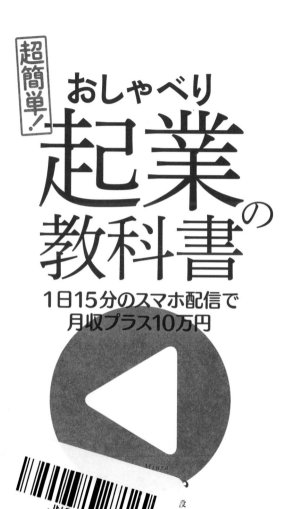

自分らしい夢を叶える未来へ、ようこそ！

はじめまして。オンライン起業とパラレルキャリア（複業）の専門家、三浦さやかと申します。

突然ですが、皆さんにお尋ねします。

「今の仕事だけをしていて、これから先も大丈夫だろうか？」と不安を感じたことはありませんか？

あるいは「何のために働いているんだろう」と悩んだり「安定収入を確保しながら、自分の可能性を広げてみたい」と思ったりしたことはありませんか？

私はこれまで1万2000人以上の方のお手伝いをしてきたのですが、実際、そのような声をたくさん聞いてきました。

またそのほかにも、

「人生100年時代を生き延びていける仕事を探したい」

「オンラインで複業を始めたいけど、やり方がわからない」

「オンラインビジネスで、安定的に収入を得る方法を知りたい」


など、さまざまな「働く悩み」と直面しています。

実は私自身も、数年前までは同じような悩みを抱えていました。

というのも、私も4年前まで会社員として長く勤めてきて、仕事にはやりがいを感じていたのですが、育休を2回取ったこともあり、お給料は30歳頃をピークにどんどん右肩下がり。17年間も働いていたのに、手取りはたった20万円ほどだったからです。


そんな生活に大きな疑問と焦りを感じていたある日、小学1年生だった長男がこんな一言を漏らしたのです。

「マンチェスターユナイテッドに、サッカー留学したい！」

夢中になっていたサッカーで、イギリスに留学したいという夢を熱く語った長男。

けれど、海外留学にはお金がかかります。残念ながら当時の我が家には、子どもの夢を叶《かな》えさせてあげるだけの経済力はありませんでした。

長男の言葉を聞いた私はこう思いました。「このままではいけない。何とかしなければ！」。そして、会社のお給料以外のお金を稼ぐことを決意したのです。

でも、その道のりは順調ではありませんでした。

複業を考え始めたものの、当時は複業をしている人も多くはありませんでした。何をしたらいいのかわからず、いろいろな仕事に挑戦しては失敗する日々が続きます。

また、時間も足りません。手取りは20万円でもベテラン社員としての仕事も大量にあり、さらに家事や2人の子の育児の合間に自己投資の勉強や複業をすると、毎日の睡眠時間は3～4時間ほど。まさに激務の日々でした。

このように、いろいろな複業にトライ&エラーしてきた私ですが、試行錯誤を経て最終的にたどり着いたのが、**「おしゃべり起業」＝ライブ配信のビジネス化**だったのです。

SNSでの発信やライブ配信を使って、たくさんの方に「自分発信で月商を増やす方法」や「複業する方法」「オンライン集客」などをお伝えしていった結果、本業があるにもかかわらず、安定的に月商100万円以上、最高で月商3600万円を達成することができました。

そして、そのノウハウと自分の失敗や成功体験をもとに、ライブ動画を活用して月収3倍を実現するパラレルキャリアの専門家として、「パラレルキャリア・ビジネスアカデミー」（PBA）というコミュニティを主宰するようになりました。

このコミュニティには、複業を始めてみたい、オンラインで仕事をしてみたい、パラレルキャリアで自己実現したいという方がたくさん集まっています。

今や、ライブ配信や自分発信で月商7ケタや8ケタを達成する人は、私だけではありません。オンラインで自分の興味のあることや得意なことを多くの人に伝えることで、年収をアップさせて人生を変えている人は大勢います。

私自身も、晴れて2017年には会社を退職して、独立しました。

今では自分の会社を立ち上げて、夢とやりがいを感じながら、まったくストレスのない理想の働き方を手に入れています。

私の夢は、たくさんの人が気軽に**「パラレルキャリアで自己実現できる土壌」**をつくるということです。

パラレルキャリアで自己実現。

それを実現できるのがライブ配信です。挑戦し続けて失敗を繰り返しながら、ようやく成功にたどり着いた私だからこそ、自信を持ってそう言うことができるのです。

本書では、「**どこにいても1日たった15分のライブ配信で〝おしゃべり〟することで、プラス10万円の月収が獲得できる方法**」をわかりやすくお伝えしたいと思います。

第1章では、自分を発信することや、複業に踏み出す必要性について触れます。

第2章では、夢を加速させる「ライブ配信」の魅力をお伝えします。

第3章では、ライブ配信をビジネスにつなげていく方法を、3つのステップを追ってお話しします。

第4章では、ライブ配信をする際に必要な「7つの心得」をまとめました。

第5章は、ライブ配信をビジネス化していく上で欠かせない「コミュニティづくり」について。

第6章は、理想の未来をつくるための人生とお金のマインドセット。複業や起業をするときに大事なマインドについてまとめました。

私も長くＩＴ系商社に勤めていましたが、もともとパソコン音痴で、ＳＮＳの知識もほぼゼロでした。ですから、やる気さえあれば誰でもできる、と断言できます。

１日15分程度の配信で、月に10万円、30万円、50万円などを安定的に得ている方は少なくありません。

さらに、プラス10万円どころか、年収１０００万円も夢ではないのです。

自分を発信することで手に入るのは、収入だけではありません。自分の好きな時間に、自分の好きな場所で自分のやりたい仕事をすることで、

- **収入の柱を複数つくって安心感を得る**
- **自分の新しい可能性を広げる**
- **今の限界を超えた可能性を実現する**
- **コーチやコンサルタントとして大きく活躍する**

などが実現できるのです。

想像してみてください。あなたにも、自由な働き方ができるのです。

自分の個性を生かして、もっと収入を増やすことができるのです。

これまで得てきた知識や経験を使って、誰かを助けることもできます。

そして、まったく新しい自分になって人生を謳歌《おうか》することができるのです。


実際に多くの人たちがライブ配信によるビジネスを成功させて、自分らしい生き方を手に入れています。

大事なことは、今ここで一歩を踏み出すかどうか。

それがこれからのあなたの未来を変えるはずです。さらに、その一歩は周囲の人の生活も変えるかもしれません。

ライブ配信やオンライン起業には、大きな可能性があります。その可能性を信じて、ぜひこの本を開いてみてください。

あなたも、理想の未来を手に入れてみませんか？

目次

第2章 なぜ「ライブ配信」は仕事とお金を生み出すのか？

第3章 誰でも始められる！ 稼げるライブ配信の3ステップ

終章 年収1000万円も夢じゃない！ 理想の未来のための人生とお金のマインドセット

企画・編集協力／越智秀樹・美保（ＯＣＨＩ企画）
編集協力／真田晴美
ＤＴＰ・図版製作／石塚麻美
イラスト／にしやひさ・ＰＩＸＴＡ（ピクスタ）
カバー＆本文デザイン／テニヲハ組版室

第1章

最初はおしゃべりからでOK。「自分発信」が人生を変える！

「コスパのいい女」から脱け出したい！

日頃から、私はことあるごとに「ライブ配信でポジティブな人生になります」「パラレルキャリア（複業）で人生が変わります」とお伝えしています。

でも、それを聞いて多くの人があげるのが、「それはわかるけど、ライブ配信なんてムリ」「複業や起業は難しそう」という声です。**現状に不満や不安があって、複業に興味はあるけれど、なかなか一歩を踏み出せない……**。

今、そんな人がとても多いように感じます。

そこでまず第1章では、私自身がどのように自分発信を始めたのか、そして複業に踏み出したのかをお伝えしたいと思います。

というのも、私自身も発信することやプレゼンテーションは苦手だったからです。また、会社の仕事にやりがいも感じていましたから、一つの会社に17年間も勤めていました。

こんな私が、なぜ複業や起業を選び、ライブ配信を始めたのか。私の経験を通して、自分発信や複業に踏み出す意義を感じていただければ幸いです。

――今から5年前の、ある夕方。

向かいのオフィスビルの外壁が、西日をうけてオレンジ色に染まり始めています。その日の仕事を何とか終わらせ、翌日の段取りを考えていた私に、部長が声をかけました。「さやかさん、ちょっと」。嫌な予感が頭をよぎります。

「彼の営業の見積もり、つくっといてくれない？　明日の朝、必要なんだ」

嫌な予感、見事的中……。「彼」というのは、同じ営業部の若手の男性社員です。明日の朝ということは、今日も残業しなければいけないということ。これから見積もりをつくり始めたら、会社を出られるのは18時半、いや19時になるかもしれない。すぐに保育園に子どもを迎えに行って、家に帰ったらご飯を用意して……。私は頭のなかで、すぐさまシミュレーションを始めます。

子どもたちにご飯を食べさせたら、すぐお風呂に入れて、明日の登園の用意をして、後片付けをして、明日の食事の下ごしらえもしておかないと……。そんな私の妄想を、部長の言葉が打ち破りました。

「さやかさんは、コスパがよくて助かるよ」

そのときの部長の笑顔は、今でも忘れられません。

どうやら、この上司は私を褒めるためにそう言ったようです。「給料が安いのに、よく働いてくれる」と。でも、それまでに不満が積もり積もっていた私にしてみれば、それは決して言われたくない言葉でした。

もう悔しくて、自分が情けなくて、その夜は涙を止めることができませんでした。そして決意したのです。「このまま、この会社にいてはいけない！」と。

私が大学を卒業して、新卒で入ったのは一部上場のＩＴ系商社でした。

２００１年の超就職氷河期でしたから、大手企業に入社できて良かった、これで安泰だと思っていました。実際、結婚する30歳頃まではお給料も上がっていきました。

最初はインストラクターから始めて、営業やマーケティング、ＳＥ、さらに新規事業開発やユーザー会の事務局など、いろいろな職務につきました。仕事はハードで、すべての業務を１人でこなさなければいけない時期もありましたが、その分、やれることも増えていき、ある時期までは、やりがいや充実感を感じていました。

特に新人時代にはスパルタ教育でビシビシ鍛えられましたが、そのときの経験は今でも生きていますし、会社員時代に学んだことは少なくありません。


ただ、育休を取って職場復帰した後、私はモヤモヤした思いを抱えることが多くなりました。男性社員に待遇面で大きな差をつけられるようになったからです。

まず時短勤務をしているため、お給料はカットされます。

また、母親だということで昇進できなくなりました。上司に「関西に転勤になっても会社を続けられますか？　母親なんだから無理ですよね」と言われたことも……。

その間にも、同期の男性社員たちは課長や部長に昇進したり、外資系の会社に転職したりしていきます。後輩の男性にも、給料面でどんどん追い抜かれていきました。

私が腑に落ちなかったのは、仕事内容では彼らにそれほど負けていないと感じていたからです。控えめにいっても、男性社員より1.5倍は働いていました。

むしろ、後輩ができない仕事を私が代わりにすることもありました。時短勤務で時間がないのに、自分よりお給料の高い後輩の仕事を任されている。そんな状況に、いつも疑問を感じていました。

しかも、2人の子どもの育児や家事を両立させるのは大変です。

急いで帰宅した後にご飯をつくり、子どもの世話をしていたら疲れ果ててしまって炊飯器から直接食べていたこともあります。自分のご飯をお茶碗によそう気力もなかったのです。子どもたちを寝かしつけた後、そのまま廊下で寝落ちしてしまったことも一度ではありません。

ベテラン社員ということで、仕事はどんどん増えていくのに、お給料は増えない。社内では、パワハラやセクハラと感じるような出来事もたくさんありました。

そんな状況ではやる気も出ません。過労とストレスから胃潰瘍にもなりかけました。

もちろん、当時は毎日のように理不尽さを感じていましたが、文句を言っても状況が変わらないことはわかっていました。

会社員なら、言われたことはやるしかない。いつもは自分にそう言い聞かせて我慢していましたが、この日の部長の一言がついに私を決心させたのです。こんな生活はもう終わりにしよう、と。

「はじめに」でも書きましたが、長男がサッカー留学をしたいと言い出したのは、ちょうどこの時期です。

子どもに夢があるのに、それを叶えてあげられないのは辛い。そう感じていたこともあって、私は**複業で「雇われ人生」から人生を変えたい**と思うようになりました。

また、子どもを育てるのには、やはりお金がかかります。たとえば、住んでいた地域では子ども2人を保育園に預けたら月に16万円もかかります。手取り20万円だと、ほとんど保育料で消えていくのです。

また、子どもが習い事や塾などに通うようになると、さらにお金がかかります。

今、長男は小学6年生で塾に行っていますが、数日間の夏期合宿だけで30万円など、驚くほどの金額です。

家族のためにも、やはりお金は必要だと感じていました。

複業ほぼ全制覇!? 何でもトライした複業時代

こうして複業を決意した私が最初にトライしたのは、「笑いヨガ」の講師でした。

笑いヨガは笑いの体操とヨガの呼吸法を組み合わせた健康法ですが、それを習っていた私は自治体の会議室を借りて、親子を対象にしたサークルを開催したのです。

講座の代金は、1人500円。

当時はちょうど次男が生まれて育休に入った時期でしたから、私も参加者も、赤ちゃん連れでのセミナーです。地域の方とつながりができたのは嬉しかったものの、会議室代で講師料は消え、収入にはつながりませんでした。

その後にやったのは、カメラ転売です。

ヤフオクなどで日本メーカーのカメラを買い、海外のサイトeBayを使って転売します。物販や転売は自宅で空き時間にできるから複業に向いている、といわれていましたが……、私にはまったく向いていませんでした。

カメラの性能もよくわかっていない上、すべて英語で説明しなければいけません。興味がないし、難しいしで、当時は転売のための塾に入っていたのですが、講師には「三浦さんみたいにできない人は初めてだ」とあきれられたほどです。

そのとき、私は人と接する仕事のほうが向いていることに気がつきました。

そこで、その後は人と関わる仕事で、複業でできそうなものをしてみました。

ブログ代行やセールス代行など、人と人とのご縁をつなぐ仕事もしました。この時期に複業でできる仕事はほぼ制覇したのではないかと思います。また、医療事務をはじめとした資格も、全部で30以上取りました。

……でも、どの複業もうまくいきません。

仕事と家のことだけでも忙しいため、複業に多くの時間をかけることはできませんし、どれも中途半端で、これだと思えるものを見つけることができなかったのです。

スイッチが入ったきっかけはメルマガ配信と開業届

このように、さまざまな複業への挑戦と失敗を繰り返していた私ですが、複業を始めて1年後、ようやく「これはいいかもしれない」と思えるものに出会いました。

情報を発信して、人に何かを教えるセミナー講師やコンサルティングの仕事です。

あるブログの塾で情報発信の仕方を教わっていた私は、2016年9月頃からFacebookとブログを使って、情報発信の仕方や笑い文字を教える講師を始めました。

笑い文字というのは笑顔を入れた筆文字のことで、たまたま本業でお世話になっていた方に教わったため、複業に取り入れてみたのです。

ただ、当時は本当に忙しくて大変でした。

毎日、会社のお昼休みに冷たいお弁当を15分で食べて30分でブログを書き、10分の通勤電車の行き帰りの時間を使って、慌ただしくFacebookとブログで情報発信していました。深夜に3時間もかけてブログを書くこともありました。

そうやって頑張ってはいたものの、最初は、成果もなかなか上がりません。


それでも、初めて5000円の売り上げが出たときは、とても嬉しかったのを覚えています。以前の笑いヨガでは、サークル活動で会場費を折半したようなものでしたから、ある意味では、これがファーストキャッシュ。

実際には、クロージング（契約締結）のためにお客様とお茶会をしていたので、お菓子代や場所代を出したら赤字でしたが、会社という看板を外して、「三浦さやか」という素の個人が初めて世間の人に認められた気がしたのです。

その後も、毎日コツコツと発信を続けました。

収益は、その後5カ月間の売り上げがトータルで5万円程度と、相変わらずパッとしませんでしたが、少なくとも時間の使い方は上手になっていきました。

また、この時期に必死の思いで書いて発信していた経験は、書く力のトレーニングや発信力の土台になったと思っています。

Facebookとブログでの発信を続けて5カ月ほど経《た》った、2017年2月。

当時お世話になっていたビジネス講師の方から「メルマガもしたほうがいい」とアドバイスされ、メルマガでの発信も始めました。

またちょうどその頃、複業に本腰を入れようと開業届を出したところ、見事にスイッチが入ったのか、一気にオンライン講座の売り上げが上がり始めたのです。

その月の売り上げは、なんと60万円に達しました！

いきなりお給料の3倍の売り上げが出て驚きましたが、その翌々月には100万円台の売り上げが出たのです。

それ以降も、月に7ケタ台の収入で安定しました。

その状態を8カ月ほど続けた2017年9月、私はついに退職願を出しました。

実はその4カ月前、未来の自分がどうなっていたいかを書く「ビジョンボード」に、私はこんなふうに書き込んでいました。

「２０１７年９月　７ケタの売り上げを達成し、女性を応援する仕事をしている」

まさに、それが実現していたのです。

ライブ配信で爆速成長！

メルマガでセミナー講師の仕事が安定した私ですが、その後、YouTubeで動画を、Facebookでライブ配信を始めると、さらに売り上げが加速するようになりました。

Facebookでは２０１９年２月からライブ配信をスタートさせ、多くの受講生をサポートしてきましたが、なかでもオンラインでの商品づくりと販売をサポートする『未来日記講座』という商品は、２０００人もの方が受講するなど大ヒットし、月商８ケタの月が続きました。

大変ありがたいことに、この傾向は今でも続いています。

それにしても、手取り20万円のＯＬで、複業でも失敗ばかりしてきた私が、なぜ独立して会社を立ち上げ、今も続けていられるのでしょうか。

その秘密は、**「自分発信＝アウトプット」**にあります。

というのも、私は複業を始める前から焦りを感じていたため、インプットを続けていました。長男を出産した30歳頃から、時間をやりくりしてはセミナーや勉強会に参加し、仕事の合間にはビジネス教材やビジネス書を読みまくっていたのです。

でも、インプットしているだけでは、何も変わりませんでした。

当時は「セミナーに行けば、人生が変わるはず」と思っていましたが、行ったことだけで満足してしまって行動できなかったため、結局、何も変わらなかったのです。

結果的に、10年間もあちこちのセミナーや勉強会に行っては、さ迷い続ける「セミナー難民」状態。たくさんインプットしても成果は出ず、やりたいことも見つかりませんでした。

でも、今ならわかります。

インプットだけでは、決して結果にはつながらないって。

アウトプットしなければ、結果は出ないのです。

アウトプットといえば、精神科医の樺沢紫苑先生が有名です。樺沢先生は『学びを結果に変える　アウトプット大全』（サンクチュアリ出版）で、インプットした内容を人に話す、書いて発表する、教えるなどのアウトプットをすることで、その内容が重要な情報として記憶に定着しやすくなるだけでなく自己成長にもつながり、周囲の反応も変わっていく、つまり圧倒的な結果が出る、と指摘されています。

実際にライブ配信をしていると、その場で視聴者からの反応が得られるので、成長が圧倒的に早いことを実感しています。

何より、自分が発信したことに誰かが反応してくれるのはとても楽しいことです。

複業時代は毎日忙しく、睡眠時間は毎日3~4時間しか取れませんでしたが、不思議なことに、いつもワクワクしていました。

体は辛かったけれど、自分発信することで、これまで知り合えなかった人からの相談に乗り、人に感謝されるのが嬉しかったのです。会社では決して得られなかった、「自分が誰かの役に立っている」という喜びです。

また人生が確実に変わっていく手応えもあり、大きなやりがいを感じていました。

恥ずかしがり屋、話し下手でも大丈夫

このやりがいや楽しさは、独立して4年が経った今でも感じています。

でも、こういう話をすると、多くの人が言います。「それは三浦さんだからできたんでしょう」って。

そんなことはありません。

自分発信は、最初は私も恥ずかしいと感じていました。

それでもまだ、ブログやメルマガであれば、抵抗感も大きくありませんでした。

でも、動画配信まではなかなか手が出ません。それ以前から、複業の先輩たちには「動画もやったほうがいい」とアドバイスされていて、やらなきゃと思っていたのですが、どうしても、やる気が起きなかったのです。

そんなあるとき、とある出版コンペに応募した際のこと。

自信を持って挑んだ私の前に立ちはだかったのは、「フォロワー数」の壁でした。

担当者にこう言われたのです。「本を出したいと思うなら、もっと活発に発信して、フォロワー数を増やしてください」。

自分から積極的に情報発信しなければ、売れない時代だというのです。

そこで、ようやく私はYouTubeを始めることにしました。

結局、「動画配信をやらなければ……」と思い始めてから始めるまでに、1年もかかってしまったのです。

そうしてようやく始めたYouTubeでしたが、最初のうちはやはり苦戦の連続で、7分間の収録動画を撮るのに30回以上も撮り直し、3時間以上もかかっていました。そして、苦労して撮った動画を何とかアップしてみると……、反響はゼロ！

当然、心が折れます。

ただ、それでも続けることができたのは、やはり自分の使命があったからです。自分がやりたい仕事を見つけるまでに苦労してきたからこそ、多くの人に発信や複業の素晴らしさを伝えて自分らしい生き方を見つけてほしいと思っていたのです。たくさんの人がパラレルキャリアで自己実現できる土壌をつくるためには、私も頑張らなきゃ……。その一心だけで何とか続けていました。

でも、週1回の配信を続けるうち、少しずつですが、届く人数も少しずつ増えていきました。私も、1つでもコメントがあると跳び上がるほど嬉しかったし、やる気も湧いてきました。サボってしまった週に「今週はいつやるんですか？」とお問い合わせが来て、ハッとしたこともあります。

少しずつフォロワー数も伸びていきましたが、それにつれて、私自身も動画や発信に慣れていきました。作業時間も、最初のうちはずいぶんかかりましたが、だんだん短時間でできるようになり、話し方も流暢《りゅうちょう》になってきました。

こんな私だったからこそ、今、発信をためらっている人にお伝えしたいのです。

発信が苦手でも、大丈夫！

誰でもやっていくうちに慣れて、話も上手になっていきます。

実際に、私が主宰しているコミュニティにも、恥ずかしがり屋や話し下手を克服したいという人がたくさんやってきます。そういう人は、自分を変えたいと言いながら、「でも、やっぱり無理かな……」とためらっています。

そんなとき、私はこう話すのです。

大事なことは、「決める」を決めること。始めることを決めたら、あとは自然に進んでいきます、と。

考えているだけでは現実は変わりません。変えたいなら、まずは始めることです。

最初はおしゃべりでもOK

そうは言っても、何を話したらいいのかわからないという人も多いと思います。

そういう人にお勧めしているのが「感想」や「レポート」です。

まずは本を読んだら感想を、セミナーや講演会などに参加したら、そのレポートを動画配信するのです。

もちろん、最初は無料配信からのスタートです。

せっかくセミナーや勉強会に参加しても、参加しただけで満足してしまって、アウトプットしていない人って多いですよね。

昔の私もそうでしたけど、それだけでは身に付きません。誰かに話したり教えたりすることで、記憶に定着しやすくなります。

また、セミナーのレポートをアップすると、視聴者の役にも立ちます。セミナーに行けなかった人も、ライブ配信を視聴することで学びになりますよね。自分の学びを配信することで、自分だけでなく他の人の成長にもつながるのです。

私のコミュニティでも、ライブ配信をしたいと言い出してから4カ月間、ためらい続けていた人がいました。

彼女はずっと無理と言い続けていたのですが、カリスマコーチといわれるアンソニー・ロビンズのセミナーに参加した後、Zoomでシェア会をすることができました。シェア会というのは、自分が得た学びや気づきを共有する集まりのことです。ピーター・ドラッカーの読書会を定期的に開いている方もいます。

また、**仲間や知り合いと対談形式でおしゃべりする**のもオススメです。

恥ずかしくて自分を出せないという人も、仲間とのおしゃべりであれば、それほど難しく感じないでしょう。

私のコミュニティでは「できない」という人がいると、「じゃあ、一緒にライブをやりましょう」と声をかける人が出てきます。皆がそうやって最初の壁を乗り越えてきたので、困っている人がいたら手を差し出す人がたくさんいるのです。

ですから、ライブ配信をする際は一緒にやる仲間や先輩がいると始めやすいです。

そういう方に、**「あなた自身が、これまでどんな仕事をしてきたのか」「どんな専門分**

野に詳しいのか」「どんな技術や情報を持っているか」「これからどんなことをしたいと考えているか」などをインタビューしてもらうのも一つの方法です。自分で何ができるかわからないのなら、自分の可能性を他の人に引き出してもらうのです。

一方的にやってもらうのではなく、お互いにインタビューし合うのもいいですね。配信を勧めているコミュニティなどに入ると、そうした仲間も見つけやすいため、ライブ配信をする前に、自分に合いそうなところを探してみるといいと思います。

また、気兼ねなく話せる仲間に「一緒にライブ配信してみませんか?」と声をかけるのもいいでしょう。

こうした仲間ができると、ライブ配信をしたときにも、視聴してくれたりコメントを書いてくれたりして、大きな励みになります。応援し合う仲間がいると、配信の不安も乗り越えることができるのです。

自分が興味のある分野で、人のためになりそうなことを話す。

誰かと対談して、自分の可能性を引き出してもらう。

このように、まずは自分ができる範囲から始めてみましょう。

ライブ配信で夢が加速する

ライブ配信は、最初はハードルが高いと思う方も多いかもしれません。

でも、もしも本当に今の自分を変えてみたい、ライブ配信をしてみたいと思うのなら、絶対に諦めないでください！

少しでもうまくいかないと、すぐに自分は駄目だと思ってしまう方もいますが、諦めたら終わりです。自分のことを信じられなければ、人生では損をしてしまいます。

また、ライブ配信は他の手段に比べて成長速度が速いのですが、当然、そのスピードも人それぞれです。始めてすぐに思うような成果が出なくても、まずはしばらく自分を信じて続けてみることが大事です。

私は、ライブ配信で時間もお金も自由になっただけでなく、人生が大きく変わりました。毎日のストレスがなくなり、毎日が楽しくなりました。

忙しくても、自分で選んだことですから、やり遂げようという気力も続きます。

その後の有料講座などで収入につながれば、そのまま自分の収入として入ってきますから、やりがいもあります。

何より、誰かの役に立って喜んでもらえるのは、嬉しいことです。


複業を始めようと思ったら、昔は大変でした。リアルな店舗をつくるとか、人を雇うなど、さまざまな障壁がありましたが、今ではパソコンやスマホがあれば、手軽にライブ配信を始められて、それをビジネスにつなげていくことができるのです。

オンラインビジネスであれば、足で稼ぐ営業も必要ありません。

また、たとえ一つの商品がうまくいかなくても、すぐに変えることもできます。いろいろな商品を試してみて、反応の良かったものを少しずつブラッシュアップしていき、大きなビジネスにつなげていけばいいのです。

ライブ配信で人生を変えたライバーたち

私がよく皆さんにお伝えしているのは、「**ニッチな分野でトップ（小さなお山の大将）になれるオンラインビジネスをつくろう**」ということです。

「何でもできます」ではなく、何か一つのことに特化してSNSで発信することで、潜在的にそれを求めていたお客様とつながることができるのです。

そのためには、まず自分がどんな経験や知識、強みなどを持っているのかをしっかり考えることが大事です。そして、どんな人に向けて、どんなことが実現できるのかという思いを明確に伝えることです。

ライブ配信で成功した例はたくさんありますから、その一部をご紹介しましょう。

美容部員だった御子柴詩織さんは、今、「うるおい漢方」のコンサルタントとして活躍されています。御子柴さんはメークで顔を変えるのではなく、体の中から整えることが大切だと気づき、「うるおい漢方」を勉強し始めました。その内容を不調に悩む女性たちに伝えたいと思い、「うるおい美人」というキーワードを取り入れてライブ配信を始めたところ、配信前には月商5万円だった売り上げが、一気に月商50万円になりました。月商350万円までいった月もあるとのことです。

御子柴さんには小さな子どもがいるため、ライブ配信でビジネスがスケールアップして時短につながり、時間に余裕のある生活ができるようになりました。

(https://www.facebook.com/uruoi.mikoshiba)

局アナ出身で、フリーアナウンサーをされている桑原麻美さんは、ライブ配信を始めて、最高月商を更新、今も更新を続けています。

(https://www.facebook.com/asami.kuwabara.549)

また、我が子の姿勢の悪さや集中力がないことに悩む親御さんに向けて、「子どもの姿勢のしつけ」というオンライン講座をしている整体師の片野よしえさんは、ライブ配信によって、売り上げが5倍以上になりました。

(https://www.facebook.com/yoshie.katano.7)

テキサス在住のライフコーチの上野ハジメさんは、ライブ配信を始めて、年収が月収になり、最高月商は１７００万を達成されています。

(https://www.facebook.com/hajimejimmyueno)

マレーシア在住の新井綾さんは、ロックダウン中に毎日のライブを始めて、初ライブ　セミナーで月商53万を達成されました。

(https://www.facebook.com/aya.arai.5)

会社員の経験は無駄にならない

こうした成功例をお話しすると、会社員のなかには、自分には特別なスキルなんてないから、できることなんてないとおっしゃる方もいます。

そんな方たちに、私はいつもこうお話ししています。

会社員は一般的に能力が高いのだから、もっと自分に自信を持ってください、と。

会社にいると、さまざまな業務を経験しますよね。

やりたくなくても、会社員ならやらなければいけません。その分、能力も身に付いていきます。会社にいるとき、私はマイクロソフトのエクセルを使えるのは当然だと思っていましたが、そんなことはありませんでした。会社員のスキルが高いのです。

また、会社では事務能力だけでなく、事前に根回しをしておくコツとか、会議で皆の意見を調整するノウハウとか、高度なコミュニケーション能力も問われますよね。

ですから、もっと自信を持って自分のやってきたことを発信してほしいのです。

私自身、営業だけでなく、マーケティングも新規事業開発も広報もさせてもらったおかげで、今の自分があると思っています。


それから、複業をすると本業がおろそかになるような気がするかもしれませんが、その逆です。複業で得た経験は本業でも生かされますから、複業を始めたら本業のほうもうまくいったという人はたくさんいます。

私自身もそうでした。たとえば複業でメルマガを始めたら、その後に、当時在籍していたマーケティングの部署で会社のメルマガを任されるようになったのです。複業で慣れていたため、やはり高く評価され、やっておいて良かったと思いました。

会社の外で得た知識や経験を、会社の仕事に生かすことができたのです。

さらに、複業をしていると忙しくなりますが、その分、効率を考えて動くようになりますから、本業の成果も出るようになります。

このように、複業にはさまざまなメリットがあります。

そもそも、これからの生き方の一つとして「パラレルキャリア」を提唱したのは、現代経営学の父と呼ばれるピーター・ドラッカーでした。

「パラレルキャリア」の定義は、「収入の基盤となる本業と並行して、自分の好きな分野で第二のキャリアを築くこと」。人の寿命が組織の寿命より長くなった現代では、一つの組織に依存するのではなく、複数の仕事や非営利活動などを通して自己実現を果たすべきだといいます。

オンラインの環境が整い、時間や生活スタイルに縛られない働き方が可能になった今こそ、自分の好きな分野で第二のキャリアを築くことができるのです。

また、一つの会社だけにいると、会社の都合によって人生も大きく左右されることになります。今は大企業でさえ、リストラや倒産などの可能性はゼロではありません。本業以外の収入源を確保しておくことで、安心感にもつながるのです。

ですから、私はパラレルキャリアを勧めていますが、会社を辞めることを勧めているわけではありません。本業を続けていけるのなら、続けたほうがいいと思います。大事なのは、自分自身で人生の選択肢を増やすことなのです。

この章のまとめ

▼インプットだけでは、決して結果にはつながらない、アウトプットが重要

▼今は、自分から積極的に情報発信しなければ、モノが売れない時代

▼最初のライブ配信は、仲間や知り合いとの対談形式のおしゃべりでOK

▼オンライン配信ではニッチな分野でトップ（お山の大将）を狙うべき

▼会社員だから特別な経験がないというのは間違い。会社員のポテンシャルは高い

第2章

なぜ「ライブ配信」は仕事とお金を生み出すのか？

章末特典

動画でわかる！

「やりたいことを見つけて発信しよう！」

※下記、QR コードを読み込んでご覧ください
（予告なく動画サービスが終了する場合もあります）

「私は起業家さんや会社員の方へのコンサルティングや集客支援を行っています。
今、そうした方々から特に増えているのが、「ライブ配信の方法について教えてほしい」という要望です。」

「ライブ配信」ってどんなもの？

ライブ配信というのは、撮影した映像をリアルタイムで視聴者に配信するサービスのことです。

今、YouTubeやInstagram、Facebookなど、動画の配信ができるプラットフォームでは、趣味やお笑いなどのエンターテインメント系から自己啓発やビジネス系のセミナーまで、幅広い分野で動画がつくられて配信されています。

動画の需要は年々高まっていて、一般財団法人デジタルコンテンツ協会（DCAJ）によると、2020年の動画配信市場規模は3710億円、前年比にして、134％。なんと、5年前の2倍以上の市場規模です。

動画の需要は高まっている！

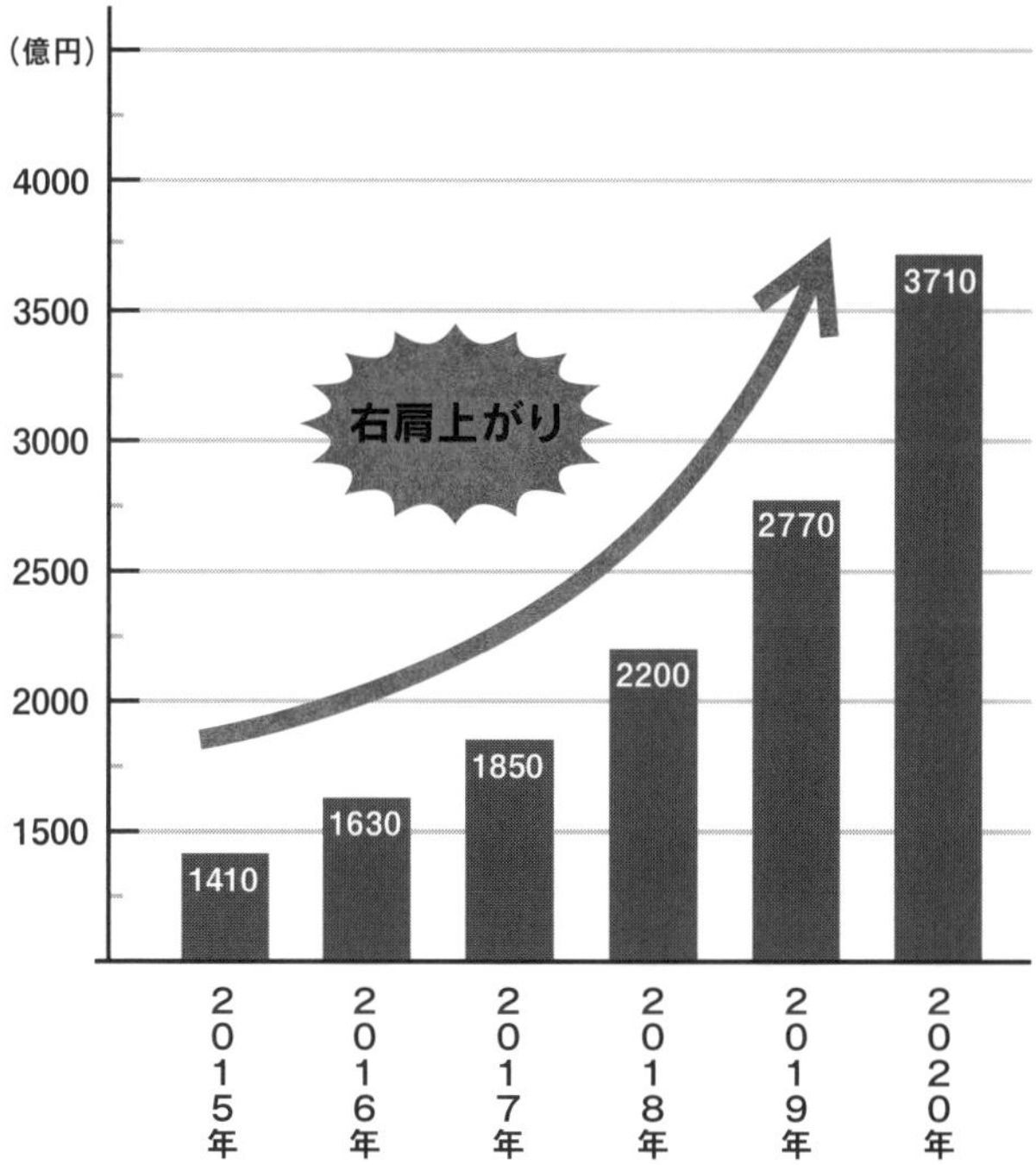

また、近年は新型コロナウイルス感染症拡大の影響もあり、これまでは企業内で行われていたセミナーや株主総会などでもライブ配信を活用する動きが増えています。

この動きは、今後ますます加速していくことでしょう。

そして、私たち個人も多様なＳＮＳを使って気軽に動画を撮影したり、配信したりできる時代になりました。

私はさまざまな複業をしていた２０１６年9月に、ブログとFacebookで自分発信を始めました。最初はテキストの発信だけでしたが、２０１９年2月からは動画の配信を始め、続けていくうちにフォロワー数もどんどん増えていきました。

Facebookページでは、10日で２０００人もの人が一気に登録してくださったことや、ライブ配信の最高視聴者数が３７０人を超えたこともあります。

また、現在はFacebookのほかにもYouTube、Instagram、TikTokでさまざまな動画を配信しており、Instagramのフォロワーは2万人、TikTokでは1万６０００人のフォロワーがついています。

そのほかにも、メルマガではテキストを配信し、Clubhouseでは音声配信をしています。

すべてのビジネスはオンライン化できる

私は普段、起業家さんや会社員の方に向けて、こうしたライブ配信を使ってその人らしさを生かした複業や起業をサポートするほか、集客アップやオンラインセミナーの商品づくりなどのお手伝いをしています。

このように多数の企業や経営者の支援をしてきた私ですが、声を大にして、たくさんの方にお伝えしたいことがあります。

それは「**すべてのビジネスは、オンライン化できる！**」ということです。

たとえば、オンライン講座にすれば、ヨガのインストラクターはヨガを、料理の先生であれば「時短でできる家庭料理」などを教えることができます。

その講座を受けられるのは、日本中、そして世界中の人々です。相手は、１００人でも200人でも大丈夫。また、アーカイブ（保存データ）を残せば、いつでも講座を受けることができるのです。

英語教師なら英語のコーチを、アナウンサーなら、モテる話し方や人から好かれる声の出し方を、ジムのコーチならダイエット講座を。

一見、セミナーなどとは縁が遠いように思えるスピリチュアルの分野などでも、オンラインでライフコーチをして大成功している人がいます。

なかには「いや、私には特別な技術なんてない」と言う人もいますが、たとえば会社勤めしていた人であれば一般的なビジネスの知識と経験がありますから、誰かのためにやれることはたくさんあります。

営業職をしてきた人なら、営業サポートや対人交渉術などのオンライン講座を、事務職をしてきた人ならエクセルやパワーポイントの使い方を教えるオンライン講座などもできますし、オンライン秘書やオンライン人事をしている方もいます。

経理の知識を使ってマネー講座を立ち上げている人もいます。ＩＴ系に詳しい人が、オンライン配信や動画のつくり方を教える例も増えています。

すべてのビジネスはオンライン化できる

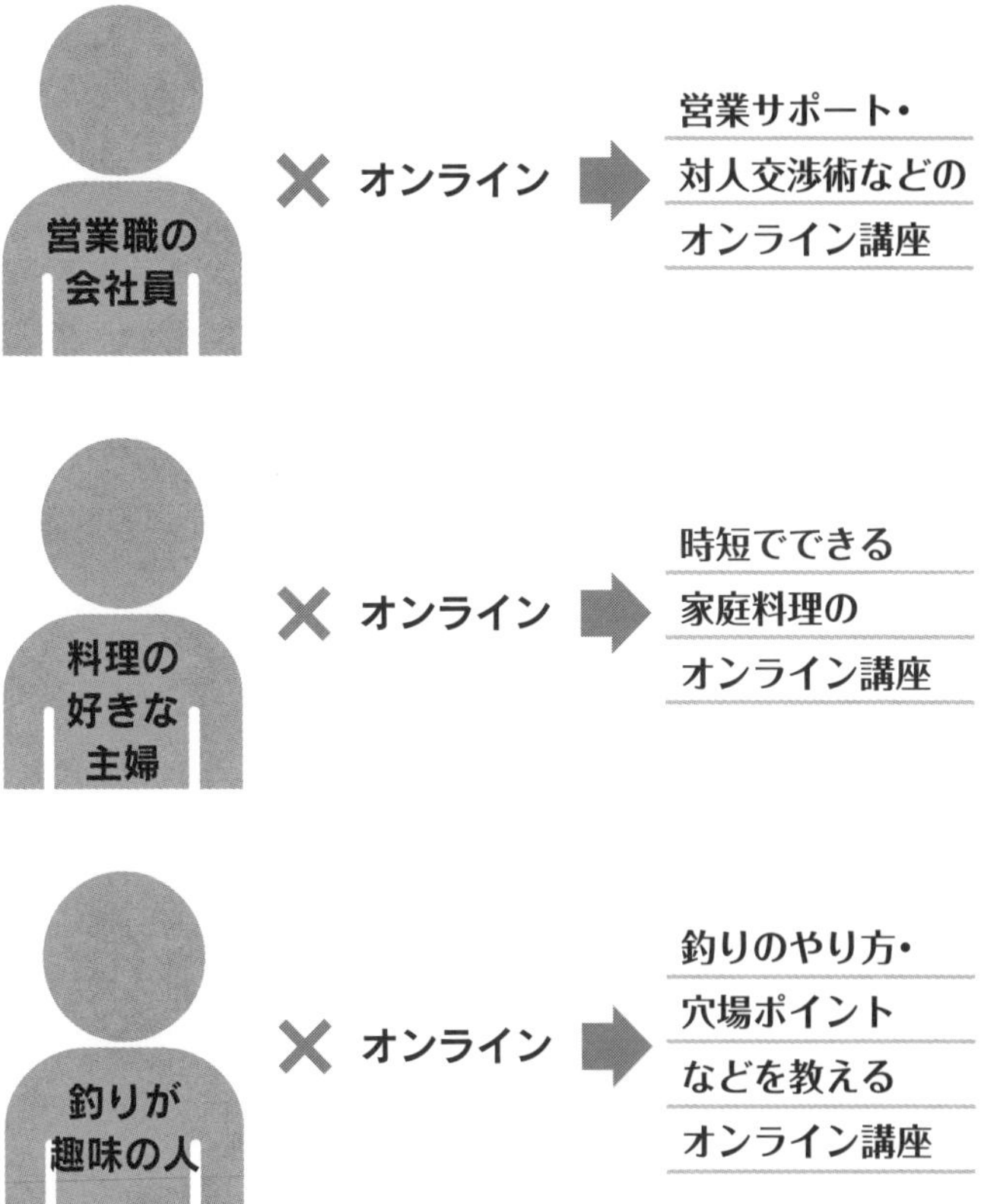

また、趣味の分野でも、いろいろ考えられます。

釣りに詳しければ、釣りの穴場のポイントや釣り方を教える講座などを、お酒に詳しい人ならカクテルのつくり方講座なども考えられるでしょう。

YouTubeを見るとわかりますが、今や、**経歴も趣味も仕事になる時代**です。

ライブ集客をすれば、パソコン1台、スマホ1台でビジネスが可能なのです。

また、オンラインを使えば、講座やセミナーを「商品」として売るだけではありません。誰かのサポートをすることもできるのです。

というのも、起業や複業には2種類のタイプがあります。

これまであげたように、自分でコンテンツをつくって配信する人は「コンテンツホルダー」タイプです。

もう一つは、誰かのお手伝いをする「**プロデューサー**」タイプ。

この「プロデューサー」タイプも、自分の経験や強みをライブ配信で人に伝えることによって、プロデュースやコンサルティングなどの仕事依頼のチャンスがあるのです。自分の経験や個性を発信することで、誰かの役に立てるということです。

しかも、その「誰か」は同じ地域や国に限りません！　全世界の人とつながることができるのです。

私の主宰するアカデミーの受講生は日本だけでなく、海外23カ国にいます。アメリカ、イギリス、イタリア、スペイン、マレーシア、スイス……、と日本以外の国にいても、ライブ配信なら簡単につながることができます。

受講生同士も、日本とスペインとイタリアで3カ国対談などをすることもあって、**ライブ配信で世界中に一生ものの仲間ができた**、と喜んでくれています。

さて、ライブ配信には大きな魅力がありますが、大まかにまとめると、以下の6つになります。

❶手軽に始められる
❷時短で大量に集客できる
❸伝わりやすい
❹売れる「商品」ができる

❺ファンができる
❻ビジネスがスケールアップする

では、この6つを順にご紹介していきます。

ライブ配信の魅力❶ 手軽に始められる

まず一つ目の魅力は、手軽に始められるということです。

リアル対面のセミナーを行うのも、会議室などを借りるのも、何かと手間がかかりますが、ライブ配信ならパソコン1台、スマホ1台があれば大丈夫です。撮影や配信も簡単にできますから、手軽に「1対大多数」の構図をつくることができるのです。

また、国内外の離れた場所にいる相手とも、気軽にコミュニケーションを取ることができます。配信時に参加できなかった人も、後から自分の好きな時間に視聴できるというメリットもあります。

ライブ配信は、やり方を覚えれば、誰にでもできるものです。少しのスキマ時間を使って、全世界に配信することが可能になるのです。

ところで、皆さんは「**1%の法則**」をご存じですか？

1日は24時間ありますが、その1%の時間といえば、約15分間。

1%の15分間だけでも、何かを始めると人生が変わるといわれています。成功している人の多くが取り入れているのが、この1%の法則です。

私は自己投資をしているときにこの話を聞き、毎日15分の情報発信を続けてきました。複業時代は、こうしたスキマ時間を使って夜間にライブ配信を行うほか、昼食時にオンラインの面談などもしていました。

今でも15分ほどのスキマ時間があったら、気軽にライブ配信をしています。

スマホを使えば「ながら」でもできますから、小さいお子さんがいても、ライブ配信をして成果を上げている人もたくさんいます。

また仕事が忙しくても、スキマ時間でライブ配信している人も少なくありません。

ライブ配信の魅力の一つは、ほかの手段に比べて自由な時間が生まれることです。

手軽に自分のやりたい仕事をしたいという希望を叶《かな》えてくれるのです。

1日1％、15分。まずはスキマ時間で発信を始めてみませんか？

ライブ配信の魅力❷ 時短で大量に集客できる

ライブ配信の2つ目の魅力は、時短で大量に集客できるという点です。

ライブ配信では、1回のライブセミナーで100人以上を集めることも可能です。私が過去に行ったパラレルキャリアセミナーでは、約500人もの方がFacebookグループに集まってくださり、リアルタイムで参加したり、別の時間帯にアーカイブで視聴したりしてくださいました。

ライブ配信は、視聴者は顔出しをしないため、視聴のハードルも下がります。スッピン・パジャマでもOKですから、気軽に視聴できます。

このように、ライブ配信は1回のセミナーで一気に多人数を集められるため、非常に効率がいいのです。

私も複業を考えている方に向けて、週に何度か夜21時30分からライブ配信をしていますが、時差のある海外在住者も後から見てコメントを入れてくださっています。

多人数を一気に集められることで、やはり成果も大きくなります。

このように、集客が圧倒的にラクになるのが、ライブ配信の醍醐味《だいごみ》です。

ライブ配信の魅力❸ 伝わりやすい

さらに、ライブ配信は伝わる力が大きいのも魅力の一つ。

そもそも、**動画は、静止画像の30倍、テキスト（文字）の100万倍以上の情報量があるといわれています。**

画像の情報とテキストの情報を受け取るのと同じ時間に、動画から受け取る情報はとてつもなく大きいということです。テキストを1回読んだだけでは忘れてしまうことでも、動画なら印象に残りやすくなります。そのため、成果も大きくなります。

さらに、収録された動画よりも、リアルタイムで配信されたライブ動画のほうが、視聴維持率が長いといわれています。

たとえばFacebook社（現Meta社）は「**ライブ動画は、収録動画より3倍長い時間、**

視聴される」と発表しており、実際にFacebookはライブ動画を優先的に表示するアルゴリズムに変更しています。

私自身、ライブ動画も収録動画も両方、配信していますが、不思議なことに、やはりライブ動画のほうが、視聴者が見てくださる時間が長くなる傾向があります。私自身が他の人の動画を見る際にも、YouTubeよりもFacebookなどのライブ動画のほうが長くなります。

なぜそうなるのでしょうか?

私見ですが、ライブ配信だと、配信する人(ライバーと呼ばれます)がまさに今、話していることに、視聴者も「参加している」意識が強くなるからでしょう。視聴者も同じ場所にいるような気持ちになるのです。

また、リアルタイムでコメントをして、そのコメントにライバーからの反応があると、自然と参加意識もアップします。結果的に、ライブ動画のほうが視聴者との一体感は高まり、途中で離脱しにくいのだと思います。

さらに、「YouTubeの収録動画などであれば、途中で間違ったり、噛《か》んだりしたらカットして修正できますが、ライブ動画の場合は途中でカットすることができません。

でも、実は、それこそがリアルタイムの醍醐味といえるのです。

「その人らしさ」や個性につながり、視聴者が魅力を感じてくれることもあります。私もいまだに噛んでしまうことや言葉につまってしまうこともありますが、それによって視聴者からツッコミが来たり、笑いにつながったりと、むしろ場が盛り上がることもあるのです。

また、緊急のイベント告知などをした場合には臨場感が出て、「参加します！」「私も！」と即反応してくださる方も多くなります。これも一体感を感じてくださっているからこその行動でしょう。

ですから、伝わる力の強さという意味では、

リアルタイム動画　＞収録動画　＞画像　＞テキスト

となります。

私はブログやメルマガもしていますが、伝わり方という意味では、リアルタイム動画はケタ違いだと思います。

週1回しかライブ配信をしていない時期も、よく「週に2～3回やっているよね」と言われましたし、ときには「毎日やっていて、すごい！」なんて言われることも。

実際には週1回の配信でも、それだけ届く力やインパクトが大きいということです。

ライブ配信の魅力❹ 売れる「商品」ができる

ライブ配信の魅力の4つ目は、**双方向のコミュニケーションが生まれる**ことです。リアルタイムで配信していると、コメントを残してくださる視聴者もいます。それによって、視聴者にウケる話や多くの人が気になるテーマ、場が盛り上がるための構成などもわかるようになってきます。

すると、だんだんコミュニケーション力が上がっていくだけでなく、お客様にとって有益な商品（講座やセミナーなど）をつくることができるようになるのです。

よく「自分には商品がつくれないから、ライブ配信なんて無理」と言う人がいますが、ライブ配信を始めるときには、まだ商品がなくても大丈夫です。

なぜなら、商品をつくってからそのセールスのためにライブをすると考えると、始めるまでに長い時間がかかってしまいますし、その商品が売れるかどうかもわかりません。頭のなかで考えているだけでは、売れる商品をつくるのは難しいからです。

では、どうするのか。視聴者に聞けばいいのです。

ライブ配信で視聴者の悩みを聞き出すことで、お客様のためになる商品ができる。そのため、結果的に売れる商品をつくることができるということです（この方法については、第3章で詳しくお伝えします）。

その意味でも、生で配信するライブ動画には大きなメリットがあるのです。

また、ライブ配信は人とのつながりを生み出します。

一般的に、ライブ配信を見るのは意識の高い人が多いと思います。自分の成長のために参加したいという意欲が強いため行動力も高く、コメントも活発になります。

コメントは、ライバーにとって実に大きな励みです。

「こんにちは」のコメントを頂いただけでも、とても嬉しいですし、それがたった1人であっても「見ていてくれる人がいる！」と本当にありがたく感じます。

ですから、私はほかの方の配信を見るときにはコメントを入れるなど、何かしらの足跡を残すようにしています。「今、見ているよ！」がわかるだけでも、ライバーは心強く感じるからです。

このようにコミュニケーションがとりやすく、人と人とのつながりを感じやすいのがライブ配信です。感情が伝わりやすいのです。実際、私もライブ配信を始めてから人のありがたみを感じるようになり、より人間関係を大事にするようになりました。

ライブ配信の魅力❺　ファンができる

さらに、**ライバーと視聴者の間に共感が生まれやすい**のもライブ配信の魅力です。

自分の思いや使命を伝えているうち、それに共感を感じた人たちが集まってきてくれます。それは、広告で集客した人よりもつながりの深い、いわば「濃い」人たち。そうした人はフォロワーから真のファンになって、あなたを支えてくれるのです。

ですから私は、ライブ配信では、まず自分のビジョン（使命）やミッション（目的）をしっかり考えて、それを視聴者に伝えることが何より大切だと思っています。

パラレルキャリア・ビジネスアカデミー（ＰＢＡ）では、自分と向き合ってビジョンやミッションをまとめ、本当にやりたいことは何かを見つけ出すセッションなども行っていますが、それをするのとしないのとでは、その後に大きな差が出てきます。

この世界のどこかに、あなたの情熱に共感し、賛同してくれる人がいるはずです。

でも、その人がいるのは、あなたの身の回りではないかもしれません。

そういう人とダイレクトにつながることができるのが、ライブ配信なのです。

ライブ配信の魅力❻　ビジネスがスケールアップする

ライブ配信のメリットの6つ目は、ビジネスが一気にスケールアップすること。

大勢の人に自分の思いや情熱を伝え、お客様の目的に叶《かな》った商品を提案し、ファンを増やしていくことによって、ビジネスは大きく広がっていきます。

そのため、ライブ配信を始めた初月に100万円の目標を達成する人だけでなく、500万円、なかには1000万円など、大きな目標を達成する人もいます。

圧倒的に、結果が出るのが早いのです。

私自身、ライブ配信の1年後には、月商が8ケタになりました。

さらに、その1年後には年商が3倍、利益は4倍になりました。

ライブ配信は人生を変える

このように、ライブ集客はコスト0円で、ブログを書くより簡単に始められます。ライブ配信なら短い時間で大きな成果が出せるので、パラレルキャリアワーカーや家事や育児に追われている人にもぴったりです。

ライブ配信の魅力やメリットはまだまだあり、これから詳しく説明していきますが、**とにかく時間が欲しい、自由になりたいという人にはオススメ**です！

そして、ライブ配信を続けていると、収入がアップするだけでなく、あなたの人生を大きく変えることになります。

私や周囲のライバーに起きたことをまとめてみると、こんな変化がありました。

- **人前で話せるようになる**
- **コミュニケーション力が上がる**
- **企画力がつく（視聴者からの反応を見て、商品を考えるため）**

・実行力が身に付く（告知するから、やらざるを得ない）
・成長する（アーカイブを見直して、自分の言動を振り返ることができる）
・成長速度が速い（視聴者からダイレクトに反応がある）
・毎日が楽しくなる（常に楽しいことや人のためになることを探すようになる）
・性格がポジティブになる

このように、ライブ配信を続けると、いいことだらけです！
ライブ配信によって、あなたも仕事と人生を変えることができるのです。

この章のまとめ

▼すべてのビジネスは、オンライン化できる！

▼ライブ配信は、スマホ1台でも手軽に始められ、時短で大量に集客できる

▼ライブ配信は、お客様とのコミュニケーションが円滑にでき、売れる「商品」がつくれる

▼ライブ配信をすることでファンができ、ビジネスがスケールアップする

▼ライブ配信は、時間・自由を手に入れ人生を変えたいという人に特にオススメ

第3章

誰でも始められる！稼げるライブ配信の3ステップ

章末特典

動画でわかる！「ライブ配信で失敗しないためには」

※下記、QRコードを読み込んでご覧ください

（予告なく動画サービスが終了する場合もあります）

稼げるライブ配信の3ステップ

それでは、ライブ配信をさっそく始めてみましょう！

この章では、以下の3つのステップに沿って、「稼げるライブ配信」の方法をご説明していきます。

ステップ1　ライブ配信を始める
ステップ2　「商品」をつくる
ステップ3　稼げるサイクルをつくる

SNSの選び方

この3つのステップに入る前に、SNSの選び方についてお話しします。

私は今、Facebook、YouTube、Instagram、TikTok、clubhouseから配信していま

す。皆さんも好きなプラットフォームで構いませんので、**どのSNSのプラットフォームで配信を始めるか**を決めましょう。

私は上記5つのSNSに加えて、ブログやメルマガ、LINEも使っています。

これだけたくさんのSNSのプラットフォームを使っている人はあまりいませんが、その理由は、集客の窓口を広くするためです。こうしたプラットフォームを掛け合わせて使うと、お互いにリンクやシェアができるので、相乗効果が生まれるのです。

ですから、できることなら、いくつかを掛け合わせて使うことをオススメします。

ただし、初めのうちは大変なので、あまり手を広げ過ぎず、一つか二つやれば十分だと思います。自分がやりやすいプラットフォームを選んでください。

参考までに、前記5つのSNSの特徴を簡単にご紹介しておきます。


Facebook……ユーザー数／28億5300万人（2021年4月発表）

Facebookは世界中の国で使われており、もっともユーザー数の多いSNSです。

Facebookは、2016年1月から「Facebookライブ」というライブ動画のサービスをスタートさせました（正確には2015年8月より一部限定でスタート）。

コロナ禍にあっては世界中のインフルエンサーたちがこのFacebookライブを使ってライブを行っていました。コメントなどを使って視聴者も参加できるため、視聴者とリアルタイムでコミュニケーションをとることができるのです。

私も、このFacebookライブは、多くのＳＮＳの中でもっとも成果が出やすいと感じています。

というのも、実名での登録が必要なため、つながる相手の身元もわかって安心ですし、ユーザー同士のつながりも他のＳＮＳより強く、簡単にコミュニケーションをとることができるからです。

また、ライブ配信を始めるのも簡単で、手間も知識もそれほど必要ありません。後ほど詳しく説明する「Facebookページ」という機能を使えば、「友達」や「友達の友達」ではない人にも情報を拡散しやすいだけでなく、１００円という低価格から広告を出すこともできます。

YouTubeではアクセスした人が誰でも動画を見られますが、Facebookページではグループ内に限定して配信を届けられるため、どんな人が見るかわからない怖さもありません。初めてライブ配信をする人にはピッタリのプラットフォームだと思います。

動画配信ツールの特徴

Facebook	ユーザー数が多い。つながる相手の身元がわかり安心。ユーザー同士のつながりが強い。ライブ配信も簡単にでき、初心者にオススメ
YouTube	アカウントをつくらなくても誰でも視聴可能。アーカイブ動画を簡単に見られる。編集能力は問われる
Instagram	トレンドの情報源で10～20代の利用者も多い。動画の投稿方法が多様。配信も簡単にできる
TikTok	短い動画の投稿ツール。アプリ内の特殊効果でユニークな動画をつくれる。若い利用者が多いのでビジネスの即効性は低い
Clubhouse	音声配信プラットフォーム。部屋着でもノーメークでも手軽に配信できる

YouTube……ユーザー数／20億人（2020年11月発表）

動画配信サービスの代表格とも言えるYouTube。

最大のメリットは、Facebookのようにアカウントをつくらなくても、誰でも見ることができることです（ライブ配信を行う人はGoogleアカウントが必要です）。

そのため、子どもから大人まで誰でも気軽に視聴できます。

またアーカイブを簡単に見ることもできます。

ただ、動画を配信するまでには、カット割りをしたり、テロップ（字幕）を入れたり、サムネイルを用意したり……と必要な作業がたくさんありますから、もしかしたらライブ配信の初心者には少しハードルの高いプラットフォームかもしれません。


Instagram……ユーザー数／10億人（2018年6月発表）

2010年10月に画像を投稿するSNSとして登場したInstagram。10代や20代の利用者も多く、ファッションやグルメなどのトレンドの情報源にもなっています。

タイムラインに流れる動画のほかにも、24時間で消えるため気軽な気持ちで投稿できる「ストーリーズ」、15～30秒の縦動画の投稿と視聴ができる「リール」、最長60分の動画を投稿できる「IGTV」など、さまざまな機能があります。

動画の配信も簡単で広く拡散しやすいため、告知に使う人も多いようです。

Instagramは最近、画像から動画へのシフトを進めており、今後も動画のさまざまな機能が加わることが予想されています。

TikTok……ユーザー数/6億8900万人（2020年7月発表）

TikTokは、2017年9月に誕生した中国発の動画プラットフォームです。

15秒～1分ほどの短い動画を投稿できますが、動画を撮影する際に「0.5倍速」「2倍速」など速さを調節しながら撮影できるほか、アプリ内の特殊効果を使ってユニークな動画を撮ることができます。

TikTokユーザーには若い層が多く、2021年9月に行われた調査によるとユーザーの平均年齢は34歳だそうです。

若い世代が多いため、ビジネスでの即効性は低いかもしれませんが、私自身は若い世代へ夢の叶《かな》え方を伝えたいという思いがあるため、続けています。

Clubhouse……ユーザー数／21万人（2021年4月発表）

２０２０年4月にアメリカでスタートした音声プラットフォームで、日本には同年12月に上陸しました。

つながりがある人同士がモデレータとしてラジオ放送のようにおしゃべりしたり、モデレータたちの会話を聞いたりすることができます。途中でそのおしゃべりに飛び入り参加することもできます。

日本でも２０２１年の初め頃に多くの芸能人や著名人が使い始めたため、一気にユーザー数が増えましたが、現在は若干、その勢いが衰えています。

でも、Clubhouse には手軽に参加できるというメリットがあります。音声だけなので部屋着やノーメークでも参加できますし、作業をしながらでも参加できます。

モデレータをやると、話すスキルも上がります。何人かでモデレータをすれば、それほど緊張することもありませんから、初心者が発信の練習をするのもいいでしょう。

私は、月金の朝7時半から30分程度、Clubhouse で配信していますが、参加者から質問や悩みを聞いて、それにお答えする場にしています。

ステップ1　ライブ配信を始める

では、さっそくライブ配信を始めていきましょう。

ちなみに、この章では、初心者の方が一番始めやすいと思われるFacebookページでのライブ配信を例にして説明します。

アカウントを作成する

自分の使うプラットフォームを決めた後、そのプラットフォームにアカウントを持ってない場合は、**個人アカウントを作成**しましょう。

そして、まずはそのSNSを使ってみてください。

いきなりライブ配信を始めずに、**自分に合いそうなコミュニティやグループに参加して、一緒に応援し合う仲間を探してみるのもオススメ**です。

もちろん、ライブ配信自体は簡単ですので、すぐに始めても大丈夫です。

Facebookページをつくる

まず、Facebookには「個人用ページ」と「Facebookページ」の2種類があります。Facebookを始めるときは、全員が必ず個人用ページをつくります。

一方、Facebookページは、追加で作成できるビジネス用のページです。一見、個人用ページと似ていますが、Facebookページには「友達」の欄がありません。

そしてこのFacebookページ、使っている人はそれほど多くないのですが、実は**ビジネスで使うのにはとってもオススメ**なのです！

というのも、Facebookは人と人がつながることを目的としてつくられているため、個人用ページにビジネス用のライブ配信をしても、すぐに流れていってしまいます。

また、個人ページでつながっているのはリアルな友人や知人が多いと思いますが、個人ページでライブ配信をすると、当然その人たちの個人ページにも表示されます。

でも、リアルな友人や知人がそれを見たがるとは限りませんよね。

そこで、Facebookページでライブ配信するのです。

Facebookページは商用目的で設計されていますから、その分、ビジネスに有益な機能がたくさん揃っています。

たとえば、あなたのFacebookページに「いいね！」を押してくれた人はフォロワーとなり、あなたがFacebookページにライブ動画をアップすると、フォロワーのタイムラインに表示されることになります。そのため、本当に必要な人に届くのです。もちろんFacebookページを個人ページとシェアすることもできます。

また、個人ページは実名登録が必須で、ユーザー1人につきアカウントは一つしか作成できませんが、Facebookページでは任意の名前で登録することができますし、複数のページを作成することもできます。

Facebookページには広告を載せることもできます。

さらにFacebookページには「インサイト」という機能があり、ページビューの数や投稿のリーチ数、エンゲージメント数、ユーザー属性などを調べることもできます。

つまり、**Facebookページというのは、あなたのインターネット上のお店のような**

ものと考えたらいいでしょう。個人ページよりFacebookページから配信したほうが、ビジネスでの効果が高いのです。

Facebookページをつくるには**「Facebookページを作成」のページを開きます**(https://www.facebook.com/pages/create)。

ここで「ページ名」「ページのカテゴリ」「詳細」を記入していきます。

「ページ名」は、ビジネス名、ブランド名、組織名などを入力します。後から修正することもできますので、とりあえず自分の名前などを入れておくといいでしょう。

「カテゴリ」の選択欄では、自分のビジネスのタイプを選びます。

「詳細」欄は自己紹介です。自分のビジネスの内容を255文字以内で書きます。

自己紹介(プロフィール)をつくる

では、どんな自己紹介を書けばいいのでしょうか?

Facebookページを作成しよう!

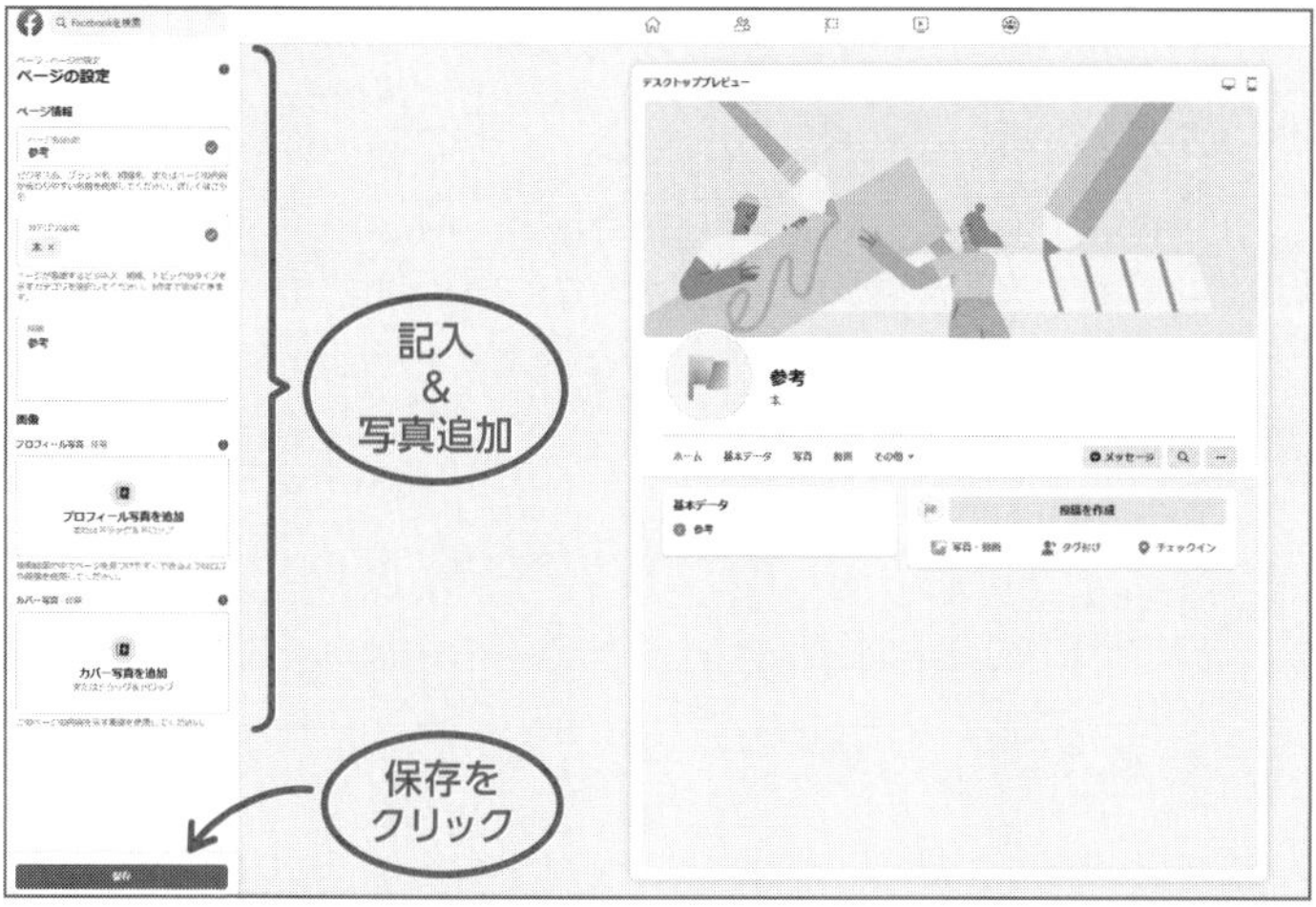

左側のページの設定を記入し、
プロフィール写真、カバー写真を追加して、
「保存」をクリックするだけでFacebookページが完成！

自己紹介やプロフィールは重要です。SNSで気になる発信を見つけたとき、まずはその人のプロフィールをチェックする人が多いのではないでしょうか。

そのときに何も書いていなかったり、素っ気ない内容だったりすると、フォローしてもらえる可能性も低くなります。

自己紹介する際に大切なことは、他の人との差別化をはっきりさせて、多くの人の記憶に残ることです。

そのためには、大事なポイントが2つあります。それはこの2つです。

①印象に残るキャッチコピーをつける

②数字を入れる

①の「印象に残るキャッチコピー」は、他人とは違う部分や、自分の強みや得意なことを盛り込むことです。

②の「数字」は、「受講生の月商を3倍にします」などと具体的な数字を出すことです。それによって、相手の印象を強くします。

たとえば、私の場合はこんな感じです。

「パラレルキャリアの専門家。起業家、会社員の方が、ライブ動画×SNSで月収を3倍にするパラレルキャリア・ビジネスアカデミーを主宰」

「受講生の月商を、7ケタ、8ケタにするライブ集客コンサルタント」

実際、あるセミナーで登壇を依頼されたのは、この自己紹介がきっかけでした。「本当にFacebookライブで8ケタ稼げるようになるんですか？」と聞かれ、そこから「じゃあ、その内容をセミナーにしてください」という流れになりました。このように、自己紹介から仕事依頼につながることもあるのです。

そのため、私は受講生にいつも**「エレベーターピッチの自己紹介」**を考えておこうと言っています。

エレベーターピッチとは、30秒ほどで簡潔にまとめたプレゼンテーションのこと。

誰かとエレベーターに乗り合わせる短い時間に効果的な自己紹介ができると、相手の印象に残りやすくなります。そこから思わぬ縁が広がっていくこともありますから、いつでもすぐに言えるように練習しておくといいでしょう。

Facebookページ以外のSNSでも、プロフィールは大事です。

Instagramはユーザーネームの下に150文字以内のプロフィールを記入します。

TikTokでは、プロフィールに80文字まで記入することができます。

YouTubeでも、チャンネルを紹介するテキスト（「概要」という表示になります）があります。どんなことをしている人物かをわかってもらうことで、チャンネル登録獲得にもつながります。「概要」には1000文字も入れられますので、ほかにどんな動画を配信しているのか、配信スケジュールなどを入れてもいいでしょう。


こうしたプロフィールでは、テキストだけでなく、**アイコンや画像も大事**です。

ビジネスにつなげたいなら、なるべく自分の顔の写真を使いましょう（会社に複業を知られたくない場合は、自分の顔のイラストなどでもいいと思います）。

写真を使う場合は、頭頂部の部分などは少しカットして顔自体を大きく見せると、視聴者の目線とあなたの写真の目線が合いやすくなり、親近感をアピールできます。

さらに、料理関係ならエプロンやコック服、ジム系ならスポーツウエアという具合に、自分のやっている内容と関連する服装だと、わかりやすさにつながります。

プロフィールは印象に残るように

↑ Facebook

↑ Instagram

また、いくつかのSNSを並行して使うときは、同じ画像で統一したほうがフォロワーにもわかってもらいやすくなりますが、それぞれのプラットフォームのユーザー層に合わせて画像を変えるのも一つの手かもしれません。

たとえば、Instagram や TikTok ではクリエーティブな画像や楽しそうな画像を、Facebook ページでは多少ビジネスを意識した画像にする、などです。

いずれにしても、楽しそうなものに引かれる人が多いため、澄ました顔や真面目な表情ではなく、笑顔の画像にしましょう。見る人の気持ちになることが大切です。

「何を話すか」を考える

次は、最初のライブ配信で何を話すかを考えましょう。

内容を考えながら動画を撮ると、とりとめのないものになりがちですから、先に内容や大まかな流れを考えておくことをオススメします。

必要なら、紙に「台本」を書いておくといいでしょう。私も台本を書いています。

そして「何を話すか」です。

ライブ配信は、最初は無料で始めたほうがいいため、慣れるまでは自分の興味のあることや今までの経験などを話してもいいでしょう。

先ほど触れたように本の感想やセミナーレポートでもいいですし、ゲームや釣りの解説など趣味のアウトプットでもいいと思います。自分が成功したダイエットの方法を紹介してもいいでしょう。

スマホで、ホテルランチのレポートや旅先からのレポートをするのもアリです。

自分の専門分野について、お伝えするのもいいと思います。

たとえば、いとうかおるこさんは帝国ホテルに整形外科クリニックを持つ現役のお医者さんですが、「骨コツ☆Thursday」というライブを週1回、配信されています。骨粗しょう症やギックリ腰、座骨神経痛などの予防策や、骨や関節に関するお悩み相談などを行っていますが、特に女性から好評です。現役医師からの発信は、とても役に立ちますよね。実際、クリニックに来る患者さんも増えているそうです。

(https://www.facebook.com/kaorukohappyclinic/)

ライブ配信で、自己紹介をするのもオススメです。

これまでどんな仕事をしてきて、過去にどんな苦悩や悩みを抱えていたか。どんな方法で、それらを解消してブレイクスルーできたのか。

私はこれらを「谷と山」と呼び「谷山ブレイクスルー」と名付けたのですが、自分のストーリーを配信することでフォロワーの共感を呼び、その後の商品開発につなげることができます（この方法については後ほど190ページで詳しく紹介します）。

さらに、動画の大事なところでは、「パワーポイント」などでつくった資料を入れると効果的です。それが難しければ、自分で書いた紙やプリントアウトした紙を、紙芝居のように持って使うのもいいでしょう。

私も、初めはマジックで書いた紙を手に持って使っていました。アナログで情けないなぁと思っていましたが、意外なことに「味がある」と好評でした！

また、誰かと対談ライブをするときは、仲間とテーマに沿ったおしゃべりをしてもいいし、相手に自分のことをいろいろ引き出してもらってもいいと思います。

その際も、必ず一つテーマを決めて、事前に相手と打ち合わせしておきましょう。

自分と分野が違う相手のときは共通するテーマを見つけて、自分と関連づけます。

たとえば、相手が自分より早くライブ配信を始めた人なら、「〇〇さんに聞く、ライブ初心者が気をつける5つのポイント」とか、ファンの多い人なら「ファンづくりの極意を聞く」など、何かしら関連するものを探してテーマに決めましょう。

そのうち、ライブ配信に慣れてきたら、**視聴者の反応から内容をブラッシュアップ**していきます。コメント投稿などで質問が出てきたら、それに答えるだけでなく、視聴者に「何を知りたいですか？」とズバリ聞いてみるのもオススメです。

ライバー側からどんどん質問を投げかけて、コメント欄に書いてもらうのです。視聴者が知りたいことを、積極的に引き出してみましょう。

さあ、ライブを始めよう！

それでは、さっそくライブ配信をしましょう。

Facebookページでライブ配信をするときは、**ページ下部にある「ライブ」をクリック**します。

このとき、最初のうちは、下部にある「ライブ配信前のテスト配信を作成」をオンにしてから「選択」をクリックします。すると「非公開」になって、自分以外は見られません。これでひと通り練習してみましょう。

ちなみに、スマホからは「ライブ動画」をクリックします。

これで配信スタートです！

ライブの時間は内容にもよりますが、まず15分程度から始めるといいでしょう。

ちなみに、私はFacebookライブもInstagramのライブも30分〜1時間程度です。

1時間は長いと思う方もいらっしゃるかもしれませんが、前に触れたように、ライブの場合は1時間以上しても、意外と視聴率は落ちません（ただし、アーカイブ動画の場合は、視聴維持率が下がります）。

さあ、ライブを始めよう！

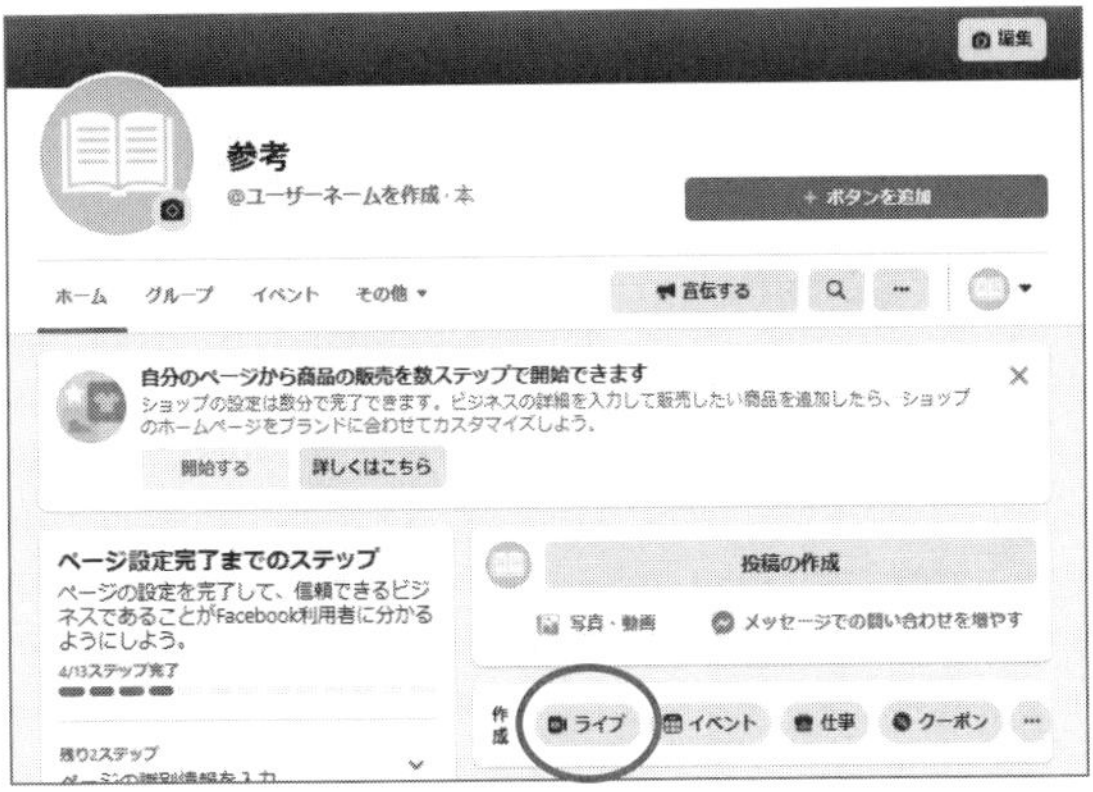

①ライブをクリック

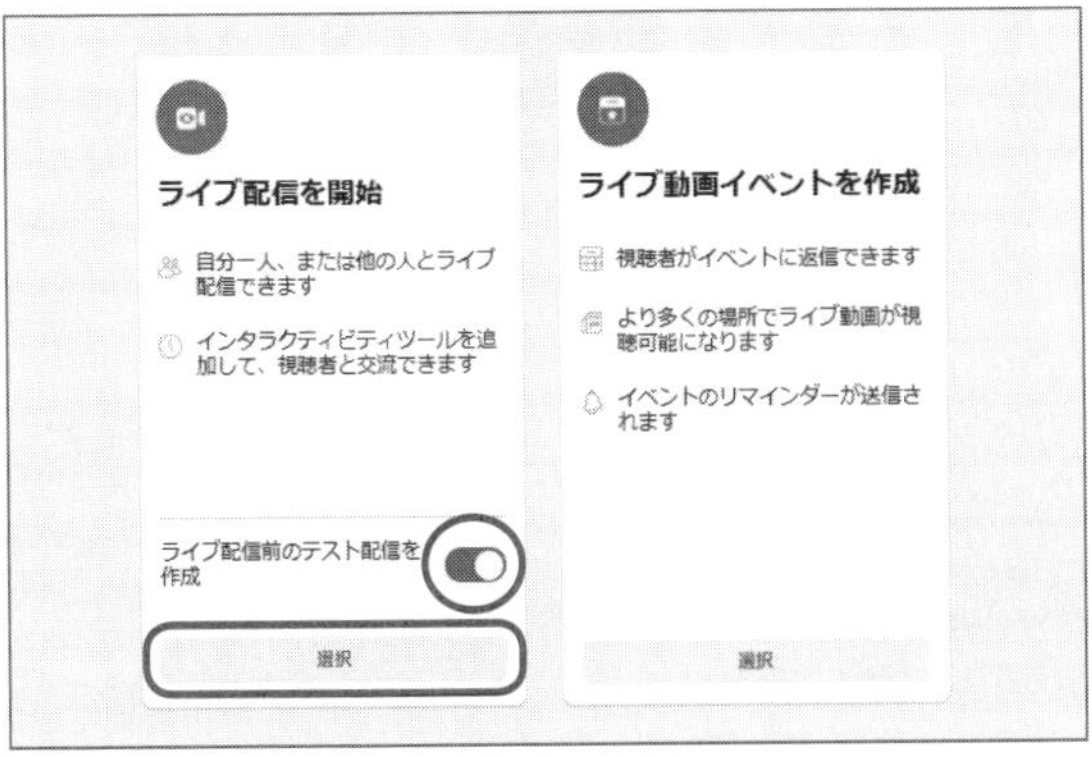

②「ライブ配信前のテスト配信を作成」をオンにして、
「選択」をクリック

③「ライブ動画の詳細を追加」で「タイトル」と「説明」を記入し、「テストを開始」をクリック

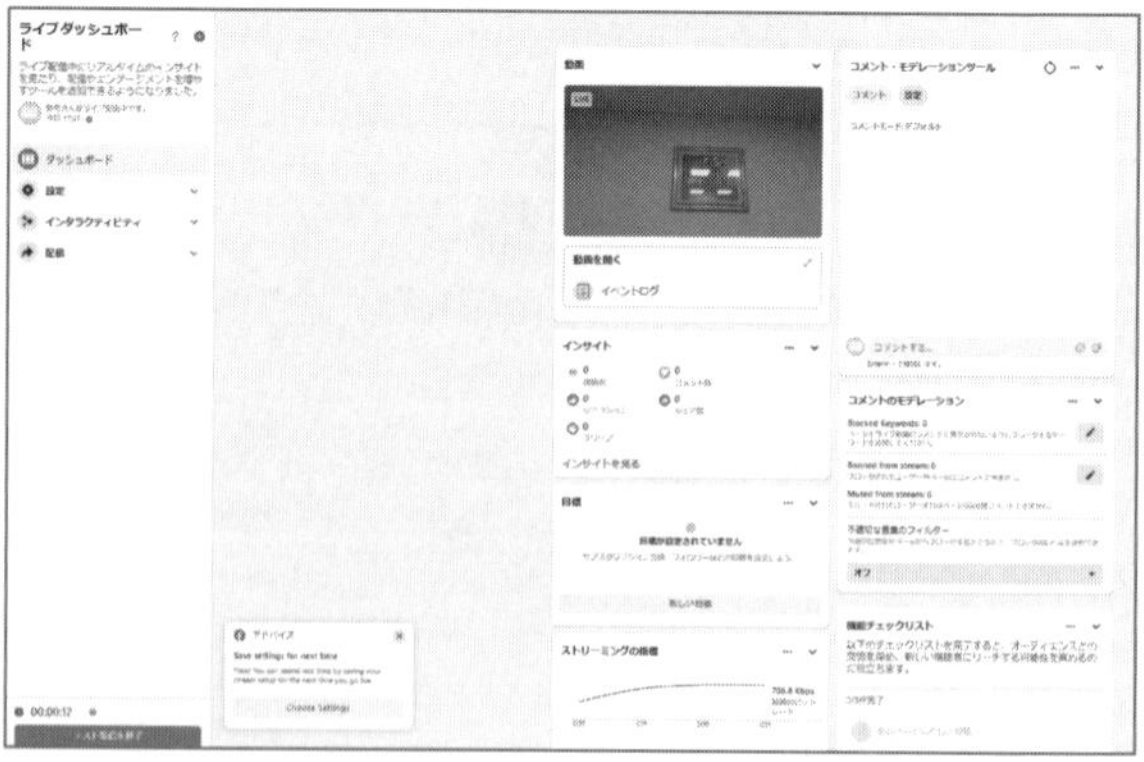

④配信がスタート！

またライブに慣れてきて視聴者も増えてくると、15分程度はいただいたコメントを読んでお答えする時間になり、30分くらいはあっという間にたってしまいます。

そして、「いつ配信するか」も大事です。

時間帯は、自分の都合と、ターゲット視聴者の生活スタイルに合わせて決めます。

私は複業に興味のある方々に発信したいため、夜にしようと思いました。そこでフォロワーに「21時」「21時半」「22時」とアンケートをとったところ、「21時半」を希望する人が多かったので、その時間に決めました。

まさにフォロワーが答えを持っているのです。ぜひ質問して聞いてみてください。

また、**毎週「何曜日の何時」と番組のように時間帯を決めると**、覚えてもらいやすくなりますし、習慣になって自分でも続けやすくなります。

ちなみに、私の場合は、

日曜日21：30　▼YouTubeライブ「パラキャリサンデー」

月曜日21：30　▼Facebookライブ「パラキャリマンデー」

火曜日21：30　▼Instagramライブ「パラキャリチューズデー」

水曜日21：30　▼YouTubeライブ「パラキャリウェンズデー」

というルーティンにライブを始めた頃は、数もこなしていました。

小さなお子さんがいるためお昼に配信する方もいますし、先ほどご紹介した「骨コツ☆Thursday」のいとうさんは、クリニック開始前の朝9時から配信されています

もっとフォロワーを増やしたいときは

さて、ライブ配信を始めたら、やはり気になるのは、見てくれる人の数ですよね。視聴者やフォロワーを増やす方法はいろいろありますが、基本的なものを紹介します。ご自分のできそうなものを選んで、どんどんトライしてみてください。

①事前告知する

もっとも大事なことは、ライブ配信の前に告知することです。

もともと有名な人でない限り、きちんと告知しなければ見てもらえません。「**1に告知、2に告知、3、4がなくて5に告知**」と言いたいくらい、告知は重要です！

告知は1回だけでなく、何回もしたほうが見てくれる人が増えていきます。

たとえば、準備ができていたらライブ配信の1週間前、さらに3日前、前日、当日、そして始まる10分前、始まる直前……というように、ライブの前に何回も告知します。

1回のライブにつき、少なくとも3回は告知したほうがいいと思います。

特に効果が大きいのは、直前の告知です。見ようと思っていても忘れてしまうこともありますから、10分前の告知や「今から始めます」の告知はとても大事です。

また、私の場合は Facebook 以外にも、メルマガや LINE でもお伝えしています。

誰かと対談する場合は、お互いに告知しましょう。相乗効果で視聴者も増えます。

②複数のSNSに同時配信する

複数のSNSプラットフォームを持っている場合、「ストリームヤード」というアプリの有料プランを使えば、同時配信できます。

さまざまなプラットフォームで同時放送することで、余分な労力をかけずに、より多くの視聴者に届きます。

Instagram や YouTube で配信するときは「#○○」**(ハッシュタグ)も効果的**です。
たとえば私の場合は「#複業」「#パラレルワーク」などですが、「#」を付けたキーワードはタグ化され、クリックすると同じキーワードが含まれた投稿が検索されて出てきます。

③視聴者やコメントをくれた方に語りかける

先ほど少し触れましたが、視聴者に語りかけたり、質問したりするのも大事です。

「どこから見てくださっていますか？　ぜひコメント欄で教えてください！」

「○○について知りたいですか？　知りたいという方は、ぜひコメント欄に『知りたい』と書いてください！」

というように頻繁に質問し、それに答えてくださった方がいれば、お名前とコメントをいくつか読みあげて、感謝の気持ちを表します。

ライブ配信で自分の名前を呼ばれたり、質問に答えてもらったりすることで、視聴者の「参加している」という意識が高まり、つながりや共感を強めてくれるのです。

④コミュニティで仲間をつくる

助け合う仲間がいれば、お互いに応援し合うことができます。開始当初の不安なときこそ、仲間は大事です。

前にも書いたように、一緒にやる仲間や先輩などがいなければ、SNS配信を推奨しているコミュニティなどに入っておくのも一つの方法です。

また、自分にもフォロワーがついてきたら、自分でもコミュニティをつくることを考えましょう。Facebookを使っているなら、「Facebookグループ」をつくります。

Facebookグループは、Facebookで特定の人たちとの交流を深められる機能です。このグループのつくり方については第5章で詳しくお話ししますが、とにかく何かを始める際には、ぜひ仲間と一緒にやることをお勧めします。

⑤広告を出す

Facebookページでは、簡単に広告が出せます。

配信したい投稿の下の「投稿を宣伝」というボタンをクリックすると、1日の予算とターゲット層、配信期間などを選べます。

予算は、1日100円から選べます。

ターゲット層は、地域や年齢を選びます。たとえば、地域は「日本」で、年齢は「28歳〜64歳」など、自分が見てもらいたい層はどんな人たちかを考えましょう。

すると、ターゲット層に合う人のなかで、関心が高そうなユーザーに広告が届くのです。

このように気軽に広告が出せますので、普段からの継続的な投稿と合わせて使うと効果的です。特に最初は自分の力だけで視聴者を集めるのは大変ですから、1日500円などと上限を決めて広告を出すのも一つの手だと思います。

⑥フォロー返しをしてもらう

ほかの人をフォローするとフォローし返してくれる人も多いため、フォロワー数を増やしたかったら多くの人をフォローするという方法もあります。

ただ、こうした人は本当の意味でのフォロワーやファンにならない可能性が高いため、私はあまりオススメしていません。開始当初にとりあえずフォロワー数を増やしたいなら、こうした手もあるということです。

Facebook広告を出そう！

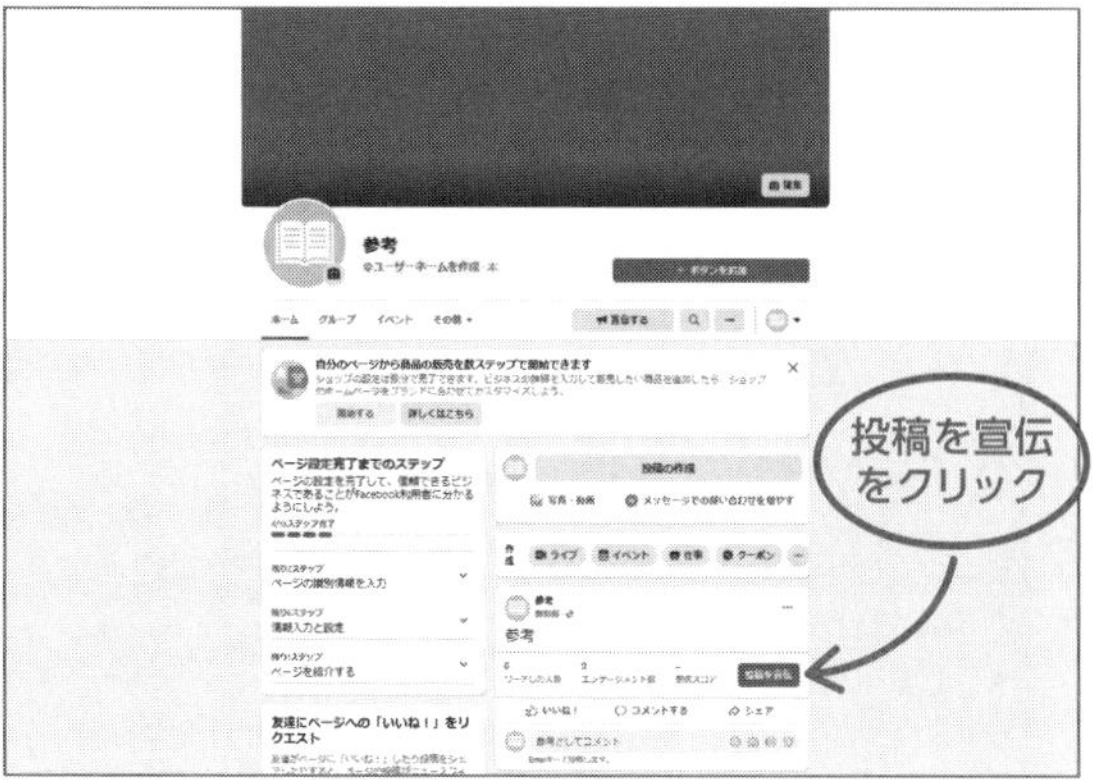

「投稿を宣伝」をクリック

ターゲット層や予算をカスタマイズ

ステップ2 「商品」をつくる

さて、このようにしてライブ配信を始めたら、しばらくはコツコツ配信を続けましょう。まずは視聴者やフォロワーを集めることが大切ですから、視聴者のためになりそうな情報を配信するように意識してください。このときは、もちろん無料です。

そして、徐々にビジネスにできそうなものを考えていきます。オンラインセミナーや講座の「商品」をつくるのです。

方法は人それぞれですが、私がお勧めしているのは以下のような流れです。

無料のライブ配信を続ける

↓

フォロワーがついてきたら、視聴者から「知りたいこと」を聞く

↓

「商品」をつくる

交流会やお茶会、短期の講座などを、無料か低額で開催（フロントエンド）

↓

個別相談

↓

本講座（バックエンド）

「商品」は先につくらない

そう、ライブ配信を始めるときには、「商品」はなくて構いません。

いいえ、むしろないほうがいいのです。

というのも、頭のなかで「これがいいのではないか」と考えてつくった商品が売れればいいのですが、たいていの場合はあまり売れません。

なぜなら、独りよがりだったり、求めている人が少なかったりするからです。自分がいいと思う商品でも、お客様がいいと思っていないこともあります。

「お客様が何を求めているのか」は1人で考えるより、視聴者に聞いてしまったほうが早いのです。しかも、そのほうが売れる商品ができます。

私も、起業や複業の方法や発信の方法をお伝えしていましたが、ライブ配信の方法やライブ配信を集客につなげる方法を知りたいという声もたくさんいただいたため、ライブ集客を教える『未来日記講座』という商品をつくりました。

また、売れる商品を一緒につくっていく『売れる商品作成　7Days チャレンジ』という商品も、多くの方のリクエストから生まれました。ありがたいことに、どちらも売れ筋の商品になりましたが、私が1人で考えてつくったわけでなく、お客様からの要望でできたわけです。

このように、フォロワーの悩みに応えていくと、売れる商品ができます。

9割、人の話を聞く

マーケティングの基本は「お客様が欲しいもの」を売ることですが、多くの人は、「自分が売りたいもの」を売ってしまいます。

たとえば以前、お客様が「ラクして痩せたい」と言っているのに、運動指導を売り込んでいる人がいました。その人には自分自身が運動して痩せた経験があったため、自分の成功体験が一番いいはずだという思い込みがあったのです。

当然、お客様は納得しませんよね。それでは「売り込み」になってしまいます。

でも、きちんと相手の要望を聞き、それに応えていけば、相手の欲しいものを売ることができます。売り込まずに、相手の悩みを聞くのです。

そういえば、ある営業職の方は今、複業でマネーコーチをされていますが、もともと金融の仕事は複数の職歴のうちの一つでしかなかったため、特にお金に関わる仕事をするつもりはなかったそうです。

でも、ライブ配信で自分がしてきた仕事の話をしているうち、視聴者から「もっとお金のことを教えてほしい」という声がたくさん上がりました。お金の指導が「お客様が欲しいもの」だったのです。それでマネーコーチになったそうです。

私自身も、商品が売れない時期があり、後から自分でアーカイブを見直してみると、自分の商品の説明ばかりしていることに気づきました。

それ以来、視聴者に意見や感想、質問をよく聞くようにしました。今では、**9割は**

相手の話を聞くという姿勢を心がけています。

さらに、自分を発信していくうちに、思わぬ商品が見つかることもあります。

もともとエステティシャンとして活躍されていたある方は、初めはエステのオンライン化を考えていたのですが、なかなか売れませんでした。

でも、ライブ配信をしているうち、エステティシャンというのは、実は高額セールスが得意だという話が出てきました。エステのコースには高額なものが多いですが、特に売れっ子エステティシャンとして活躍していたこの方は、それまでにたくさんの高額商品を売った実績があったそうです。

すると、やはり視聴者は気になりますよね。「どうやってお客様に勧めるの？」「ためらうお客様に、どんな言葉をかける？」などと質問が殺到します。

そこで私は、美容そのものではなく、「高額セールスを成功させる方法」の講座をつくることを提案しました。売り上げを上げられずに悩んでいる人はたくさんいますから、これは絶対に売れると思ったのです。

また、オーストラリア在住で観光ガイドをしていた方も、新型コロナウイルス感染症拡大の影響で仕事が激減していたのですが、ライブ配信をしているうち、もともとセールスが得意という話になり、視聴者からの要望もあって、オンラインでセールスを教える講師になりました。その後ライブ配信を教えています。さまざまな場所の魅力を人にわかりやすく伝え、交渉する観光ガイドの特性がうまく生かされたのです。

このように、発信によって自分では気づかなかった特性が見えてくることがあります。第三者の視点が入ることで「焦点を当てるべきポイント」がはっきりするのです。また発信していくうちに、実はやりたかったことが見えてくることもあります。

視聴者にアンケートをとろう

このように、売れる商品をつくるときにもっとも大事なことは、自分1人の視点ではなく、他者の目線を意識することです。

そのためには、少なくとも3人、できれば10人くらいに聞く必要があります。

友人や知人に聞いてみるという手もありますが、リアルな関係では聞きにくいこともありますし、人数も限られますよね。

また、メルマガをしている場合は読者に聞くという手もありますが、メルマガの場合、返事が返って来にくいというデメリットがあります。

でも、配信ライブなら、その場で反応があります。

質問がたくさん来るとか、「面白い」などのコメントが多いときは、そのテーマに読者が興味を持ってくれているということ。

こうした反応を見逃さず、「〜について、もっと知りたい人はいますか？」とか「こういうことで悩んでいる方はいませんか？」など、ライブ配信でこちらから質問してみるといいでしょう。これこそ、ライブの醍醐味《だいごみ》です。

反対に、視聴者から反応がないときは、その内容は視聴者に求められていないのかもしれません。視聴者の反応を見ながらブラッシュアップしていく必要があります。

ニーズ調査で具体的なプランを練る

視聴者の反応を見るほか、ニーズの調査も欠かせません。

その商品が売れるのか市場を調べてみるのです。これもいくつか方法があります。

まず、**「Amazon」で調べる**方法です。

たとえばダイエットについて配信したいと思ったら、Amazonや楽天市場などでダイエット関連の本を探してみましょう。そして売れている本のレビューを読みます。

そこで「運動したくないけど、痩せたい」とか「ズボラでもできる方法を知りたい」などという声があったら、そのニーズを商品の特徴にできないか考えてみます。

そうすると、「運動嫌いでもラクに痩せられる方法」とか「食べながら痩せるダイエット」などの講座やセミナーができるかもしれません。

また、**バズっている動画を見て参考にする**という方法もあります。

YouTubeなどで気になるワードを検索してみるといいでしょう。もちろん、バズっている動画の内容をそのまま真似するのではなく、ページを見ている人たちが何を望んでいるのかを調べるのです。

さらに、今は複業ワーカーや起業家向けのさまざまな支援サービスやマッチングページがありますから、こうしたものを見て、ニーズを調べてみるといいと思います。

会社員の場合、自分に何ができるのかわからないという人も多いのですが、こうしたサイトを見てみると、ありとあらゆる仕事があります。なかには「こういうことでも仕事になるの？」「こういう複業があるのか」という意外な発見もあります。

「シューマツワーカー」「ココナラ」「サンカク」「YOUTRUST」などの複業支援サービス、「クラウドワークス」や「ランサーズ」などのフリーランス向けの求人サイトなど、さまざまなサイトがありますから、自分にできそうなことがないか下調べとして見てみるのもオススメです。

そのほか、インターネットで競合になりそうな人を探して、自分なりの強みをどう付けたらいいのか考えてみるのもいいと思います。

このようにしてアンケートをとり、ニーズ調査をして大まかな方向性を決めたら、後は具体的な商品をつくっていきます。

フロントエンドやバックエンドの値段も、競合の値付けを参考にしましょう。

そのときも、視聴者の声と自分の経験から、**お互いが心地よい金額を探っていくこと**が大事です。

さらに、商品をつくる際に大切なことは、**たった1人の「理想のお客様」をイメージすること**です。自分なら「どんな人をサポートできるか」を想像してみるのです。

性別は男性？　女性？　年齢はいくつくらい？

その人は普段、どんな生活を送っているでしょうか？　そして、どんな悩みを抱えているのでしょうか？

商品をつくるときに大切なのは、**お客様の「不」を解決するという発想**です。

お客様は、「どんな不満を抱えているか？」「どんな不安を感じているか？」「どんな不便を抱えているか？」を考えてみるのです。

そのイメージが浮かんだら、その人の悩みを解決できそうな商品を考えてみます。

そのお客様にどんなことをしたら、満足していただけるでしょうか？　その人に、あなたはどんなお手伝いができますか？

そうやって深掘りしながら、商品のディテールをつくり込んでいきます。

実は私自身、理想のお客様をイメージしてお客様のイラストまで描いていたら、実際にその通りの方が成功して驚いたことがあります。

その方は37ページでご紹介した御子柴詩織さんなのですが、彼女は「自分のコンテンツを持っているけれど、売り上げが伸びずに悩んでいて、子どものお世話で忙しいワーキングマザー」という私のお客様のイメージとビッタリでした。お姿までイラストと似ていてびっくりしたのですが、御子柴さんはライブ配信で人生を豊かにしたいというので、そのサポートをしたところ、売り上げも大きく伸びました。

理想のお客様をしっかり思い描いていれば、理想のお客様がやってくるのだと思います。それ以来、私はコミュニティのメンバーに「絵に描くと、さらに成果が出やすいよ」と話しています。

タイトルで人目を引く

視聴者目線のコンテンツをつくるためには、タイトルも重要です。

理想のお客様が気になるタイトルや、つい見てみたくなるようなタイトルをつけましょう。

たとえば、「～しなくても、～できる」「～しながら、～できる」などのように、**ギャップのあるタイトル**は目を引きます。「頑張らなくても目標達成できる」「食べながら痩せる」というように、逆説的な言葉を使うのも一つの方法です。

「お金をかけずにセレブファッション」「使って貯《た》める投資術」など、**常識を覆すタイトル**もいいですね。

「3カ月で5キロ痩せる」「半年で年収を100万円アップさせる」など、利用した**お客様の未来の姿やビフォー・アフターが見えてくるタイトル**も効果的です。

タイトルは長すぎないほうがいいでしょう。15文字程度までがいいと思います。

YouTubeなどで再生回数の多い動画のタイトルも参考になります。興味を引かれる動画を見て、そのタイトルの付け方やサムネイルの画像なども参考にします。

その際は、3～4つを参考にしましょう。

一つだけを参考にすると、どうしても似てしまうことがありますが、複数を掛け合わせれば真似にはなりません。売れる要素や人目を引く要素がどの辺りにあるのかを考えてみることです。

ステップ3　稼げるサイクルをつくる

フォロワー数がある程度多くなってきたら（50人程度が一つの目安になります）、次は、交流会やお茶会、短期の講座、セミナーなどを行います。

これは一般的に「フロントエンド」と呼ばれるものです。

一方、本当に販売したい商品のことを「バックエンド」といいます。

フロントエンドはバックエンドに導くための「お試し」という意味合いがあり、無料か、申し込みやすい低価格にして、まずはお客様に体験していただくのです。

このフロントは「講座」や「セミナー」でもいいのですが、大人数を集めたいのであれば、「交流会」や「お茶会」という名称にしておいたほうが、参加者の心理的なハードルが低くなり、参加しやすくなると思います。

以前も「パラレルキャリアセミナー」を開催したときより、「パラレルキャリア交流会」を開催したときのほうが反応はよく、すぐに満席になりました。

また、女性が多いときにはお茶会でもいいのですが、男性にも来ていただきたいときは、交流会のほうがいいでしょう。

そして、交流会などをするときは、できれば事前に出欠確認を取ります。そうすると、自分にとってつながりの濃いメンバーリストができます。

もちろん、途中入場や途中退出が可能かどうか、都合が悪くなったときの連絡方法などはきちんと先にお伝えしておく必要があります。

さらに、事前に簡単なアンケートを取っておけば、当日はそれに見合った話ができますから、時間をとってくださった方にも有益な価値を提供することができます。


ちなみに、このときは無料での開催がオススメです。

無料で価値提供をして、参加してくださった方から「何を知りたいか」「何を求めているか」をよく聞く機会にするのです。

いや、自分は濃い価値提供をする自信があるという場合は、1回につき2000円や3000円程度、あるいは3回で9800円などのセット価格にしてもいいでしょう。有料にすることで、参加者の意識が高くなるという効果もあります。

クロージングは急がない

交流会やお茶会などをした後も、クロージングを焦るのは良くありません。ここで急いでも、決して売り上げにはつながらないからです。

皆さんは「**2：6：2の法則**」という言葉を聞いたことがありますか？

組織内で、上位の2割は高い実績を上げる優秀な人やグループになり、下位の2割は実績の低いグループになり、中位の6割は、上位とも下位ともいえないグループになるという法則です。

マーケティングでもこの法則が当てはまるといわれていて、**2割は最初から買うと決めている見込み度の高い層、2割は、何を言われても買わない見込み度の低い層、残りの6割は「買うか、買わないか」を迷っている層**だといいます。

ですから、セールスをする際は上位の2割に力を注ぎ、中位の6割の人たちに対しては結果を焦らず、その悩みに寄り添って応えていくことが大事になります。

もしも、こちらの話にさらに興味がありそうな方がいたら、「個別相談」という形で、3回くらいお客様とお会いしておくといいでしょう。

人は、**誰かと会ってから3回目までに相手の印象を決め、一度決めた印象は変化しない**という心理学の理論（「スリーセット理論」と呼ばれます）があります。

3回ほど直接会うことで、お客様との距離を縮めておくのです。

その際にも注意したいことがあります。

それは、**「ど」から始まる質問は避ける**ということです。

買うか買わないか迷っている方に「どうされますか？」「どう思われますか？」としつこく聞くと、さらに悩ませてしまいます。すると、自然と買わないほうを選ぶ人が多くなるのです。

その際は、相手から「イエス」を引き出す「イエスセット」の質問をしましょう。

イエスセットというのは、何度も「イエス」と返事をしていると、次の質問にも「イエス」と答えやすくなるという、人間心理に基づいた交渉法です。

「個別相談の日程は、○日と○日があります。○日のご都合は合いますか？」とイエスかノーで答えていただくのです。

ただし、ここでも気をつけなければいけないのは、やはりお客様を急かさないこと。ためらっているときに追われると、人は逃げたくなってしまいます。

ですから、私は相手がためらっていたら、絶対に追わないようにしています。そこで相手を説得して売り込むというセールスをする人もいますが、それでは、せっかくフォロワーになってくださった方の信頼を失うだけです。

面白いことに、ライブ配信やメルマガで発信をコツコツ続けていると、お会いしてから半年後や1年後、さらに2年後に、「ライブ配信をずっと見ていて、やっと決心がつきました」と言って本講座を契約してくださる方もいるのです。やはりお客様のタイミングで決めていただくのが一番だと思っています。

ですから、断られたときも、自分の接し方に悪い点はなかったかと振り返り、改善していけるものは改善していく必要がありますが、落ち込むことはありません。単にタイミングが合わないこともあります。

何より、断られたとしても、そこでお客様の声を聞くことができれば、次の機会につながっていきます。商品が売れないとしたら、お客様の悩みをきちんと理解できていないからです。それなら、お客様の声をたくさん集めることが先決です。
「お客様とお茶会をしたのに、売れなかった」と落ち込む人も多いのですが、落ち込む前に、まず100人の声を集めてみようと私はよく言っています。

そもそも、オンラインビジネスでは、**100人とコンタクトを取ったら、集客できるのはだいたい5%、本契約を取れるのはその半分**といわれています。

たとえば、Facebookグループにフォロワーを100人集めたら、5人程度がセミナーに参加してくださり、その半分の2人か3人の方が本講座に登録していただけたら大成功、ということです。

もしも、Facebookグループのフォロワーが100人以上いるのに、セミナーに申し込んでくれる人が5人に満たないとしたら、ライブ配信の方法や企画を見直したほうがいいかもしれません。話の内容がフォロワーの要望に沿っていないとか、配信の時間帯が悪い、告知が足りない、などです。

いずれにしても、**オンラインビジネスの商圏は世界中に広がっている**のです。

1人のお客様に無理やり売り込もうとするのではなく、お客様の声をよく聞いて、お客様が求める商品をつくることを考えましょう。

実践編・私たちはこうして新しい人生を手に入れた

ここまで、ライブ配信の方法について、一通りご説明してきました。

でも、まだ具体的なイメージがわかないという方のために、実際にライブ配信を始めて、そこからビジネスに発展させているお2人にお話を聞いてみましょう。

【飯田武史さん】

・以前の仕事／会社員（印刷会社の営業職）

・現在の仕事／ビジネスコンサルティング、IT講師、ライブ事業プロデュースなど

1人目は、飯田武史さんです。前職は営業職でした。

会社に在籍されているときから毎日ライブ配信をされていた飯田さんは、今では会社を退職されて、セールスコーチ、パソコンやITなどの講師、ライブ配信やオンラインセミナーのプロデュースなど、さまざまな活動をされています。

前にもお伝えした通り、起業や複業には自分でコンテンツをつくる「コンテンツホルダー」タイプと、人のお手伝いをする「プロデューサー」タイプの2種類がありますが、飯田さんは後者の「プロデューサー」タイプに近いでしょう。

Q ライブ配信を始めたきっかけは?

A 会社員人生のなかで、自分の「理想の未来」を思い描けなかったからです。

新卒からずっと勤めてきて、私自身も全盛期には会社の年商360億のうちの35億を稼いだこともありましたが、社内の人間関係や人事評価などに不満を感じていたこともあり、2017年頃から「このままこの会社で仕事を続けていて、自分の将来はあるのだろうか」と悩むことが増えてきました。そこで、まずは「自分のこれまでのノウハウやスキルを棚卸ししてみよう」と思い、発信を始めてみたのです。

最初はFacebookでのテキスト投稿だけでしたが、2019年5月から週1回、個人ページでライブ配信を始めました。日中は本業の仕事があるので、配信するのは帰宅後の深夜です。

営業職として1万人以上と交渉してきたため、配信でも、人との交渉術や伝え方、コミュニケーション術などを、誰にでもわかるよう簡潔にして伝えていました。

Q　視聴者はどのくらいで、どんな反応がありましたか?

A　最初のうちは5~6人しか視聴者がいませんでしたが、続けていると、少しずつ増えてきました。

半年後くらいからは、週1回ではなく、毎日の配信にしました。

この頃の視聴者は、毎回20人ほどです。コメントで質問をしてくださる方も増えてきたので、その内容を次の配信に加えたりして、話す内容も固まってきました。自分でもやりがいを感じていましたが、ビジネスにするまでには至りませんでした。

翌年からは、三浦さんにアドバイスを受けるようになりました。「コミュニティをつくったほうが活性化する」とアドバイスされたので、2020年5月にFacebookグループをつくり、フォロワーさんたちとつながりました。Facebookグループをつくるまでに時間がかかったのは、やはり会社員で躊躇《ちゅうちょ》があったからです。それでも配信の可能性を強く感じていたので、ついにグループ化したという感じです。

Q　ライブ配信から、どうマネタイズしていきましたか？

A　Facebookグループをつくって3カ月後、最初の商品『自問して未開の地へ導く講座』をつくりました。

対話を通して相手に自分の問題に気づかせ、その問題の解決法を見つけさせて「理想の未来」に導くという講座です。パワーポイントの資料を見ながら解説し、一緒にワークをしていきます。

ファンづくりが目的だから、最初は低価格でした。1時間半のセミナーを4回、計6時間で3000円です。初めて開催したときは8人に参加していただきました。

次の商品は、また3カ月後にできました。チームビルディングや信頼関係構築の方法を教える講座です。これも少しずつお客様がつきましたが、そのうち、セールス系以外にライブ配信の仕方やストリームヤードの使い方などを教えてほしいというリクエストも来るようになったので、それも教え始め、徐々に口コミで広がってフォロワーさんもどんどん増えていきました。

Q　いつ起業しましたか？

A　2020年10月です。

当時、新型コロナウイルス感染拡大が会社の業績を大きく悪化させていたため、ボーナスは一律7割カット、基本給も下がる可能性があると会社から言われ、その頃にはすでに起業を意識していたので、いい機会だと思い、退社しました。

今は、約3分間の無料ミニ動画を毎日配信しながら、主に営業コンサルタントとしてセミナー講師をしています。メーンの商品は『3つの交渉術』で、「自分との交渉」「買い手との交渉」「仲間との交渉」——についてお伝えしています。

今、Facebookグループのメンバーは100人ほどです。メンバーに「どんなことを知りたいか」というアンケートをとることで、常にニーズを探っています。

Q　起業して、生活はどう変わりましたか?

A　会社員時代は、往復で4時間ほどの通勤時間がかかっていて、大変でした。

起業後は時間の余裕や心の余裕も生まれて体も健康になり、気持ちもポジティブになりました。起業してからは表情や顔つきがまったく違うと言われます。

お金に関しても、それほど時間をかけず効率的に必要な額を得られているので、満足しています。何より今は自分が稼いだ分は自分に来るため、やりがいがあります。

Q　途中で気持ちがくじけることはありませんでしたか？

A　「成長曲線の理論」を知っていたので、それほど落ち込むことはありませんでした。人間は、学び始めてしばらくは一気に伸びますが、ある段階に行くと伸び悩みます。成長が止まったかに見えても、しばらく続けていると一気に成果が出ることがあります。続けていれば、必ず何かにつながっていくのです。当時はライブ配信でそういう話をしながら、自分にも言い聞かせていました（笑）。

もちろん最初は視聴者も少ないのですが、仮に誰も見ていなくても自分の発信の勉強になるので、損することは一つもありません。その時点で視聴者がゼロでも、アーカイブで、また人目に触れることができます。

それからライブ配信していると、確実にコメントやフォロワーさんも増えていきますから、まずは続けることです。最近はセミナー講師依頼も来るようになりました。

雨乞いをしたら、必ず雨が降るアフリカの部族の秘密を知っていますか？

雨が降るまで祈り続ければいいのです。それと同じように、ライブ配信も複業も、「成功するまで続ける」マインドが大事です。

会社のグチを言い続けるくらいなら、まず始めてみることをオススメします！

【青木メグさん】

・以前の仕事／会社員（医療事務）

・現在の仕事／フラワーアレンジメント講師、動画編集や配信のコンサルタント

2人目は、青木メグさんです。

もともと医療事務の仕事をされていましたが、産休後にリストラに遭ってしまいます。それで起業を決意されたのですが、メグさんの素晴らしいところは、何といっても、その行動力！　1歳のお子さんがいながら、ライブ配信でもどんどん発信して有料セミナーにつなげていき、5カ月後には月収100万円台を突破したのです。

その秘密を聞いてみましょう。

Q　ライブ配信を始めたきっかけは？

A　正社員で医療事務の仕事をしていたのですが、2020年の産休後にリストラに遭って職場復帰できなかったため、起業を考えることにしました。

小さい子どももいるため、就職するには条件的に厳しいし、通勤も大変です。実は以前にも起業して失敗した経験があったので、もう一度、きちんと学び直して起業したいと思っていました。

それで2021年2月に三浦さんのコミュニティに入り、3月頃からライブ配信を始めました。もともと、何でもポンと飛び込むタイプ。ライブ配信も、皆がやっているなら自分もやってみよう、という気軽な気持ちで始めてみました。

それでも、最初はやっぱりガチガチに緊張しましたね。ただ、コミュニティで仲間もできたので、皆と応援し合っているうちに楽しくなってきました。

Q　どんな配信をしていますか？

A　実はもともと生け花の講師やフラワーデザイナーもしていたので、最初はフラワーアレンジメントの様子をライブ配信していました。

そのときはFacebookライブでしたが、4月からはInstagramライブも始めました。ちょうどその頃、フォロワーさんから動画編集やSNSでの発信の方法を教えてほしいという声をいただくようになったので、4月後半からIT系の情報発信も始めました。

5月中旬には、Instagramに1000人のフォロワーさんがつきました。

Q　ファーストキャッシュは、いつ、どのようなものでしたか？

A　まず4月中旬から、Instagramで集客する方法をライブ配信し始め、5月中旬に1回目のフロントセミナー（無料講座）を開きました。

そのうちの1人が本講座を契約してくださって。もともとInstagramで集客したいというご要望だったのですが、詳しくお話を伺ううちに、私は総合的なＩＴコンサルタントとしてサポートすることになりました。

その価格が19万8000円で、これが私のファーストキャッシュになりました。

その後は、収益も上がっていきました。

7月には、より本格的に動画を採り入れたフロントセミナーを開いたら、110人もの方が参加してくださって、そのうち12人が本講座を契約してくださいました。同じ月末にもう一度フロントセミナーを開いたら、70人が参加、そのうち16人が本契約してくださいました。

そして、8月には念願の月商7ケタ台を達成できました！

その5カ月前までは、Instagramはもちろん、動画もつくったことがなかったんですよ。家のパソコンも開けていなかったくらいです。ものづくりはもともと好きで、動画編集も割とすぐにできるようになりましたけど、ライブ配信はとにかく効率がいいので、成長も速いのだと思います。

今ではオンラインのフラワーアレンジメント講師だけでなく、動画編集やＩＴコンサルタントなどをしています。Instagram のブランディング講座もやっています。

Q どのようにフォロワーを増やしていきましたか？

A やっぱり仲間がいたことが大きいですね。

フォロワーさんも急には増えていきませんから、応援してくれる人の存在はありがたかったです。

ただ、Instagram では独自にファンを集めました。

コツは、やはり毎日マメに発信することです。続けているうちに、いつも見に来てくれる人ができます。

Instagram ではストーリーズとリールの両方にアップしています。特にストーリーズは見ている人が多いので、１日に３～４枚は必ずアップするようにしています。

ハッシュタグも、注目を浴びそうな言葉を選んで付けています。ハッシュタグから見に来てくれる人も多いので、それによって集客数は変わっていきますね。
また、初心者に向けて、なるべく寄り添い型のコンサルをするように意識しています。今は「インスタ3日坊主脱却キャンペーン」など、マインドをお伝えするような講座もやっています。「どうしたら習慣化できるか」という切り口もいいなと思って。ノウハウだけをお伝えしていると、それを覚えた人は離れてしまうと、三浦さんにアドバイスされたこともあります。

Q 起業して、生活はどう変わりましたか?

A 私はFacebookライブとInstagramライブを同時配信していますが、スマホを使えば、スキマ時間に動画編集やSNS発信もできるので、忙しい人にはとにかくオススメです。

前職は1時間半の通勤時間で、8時半に職場に着く必要があり、6時半には家を出ていましたが、通勤時間がかからなくなり、子どもを朝ゆっくり保育園に預けることができるようになりました。

何より、ライブ配信が楽しくて。いやもう、めちゃめちゃ楽しいですよ!

午前中はオーストラリアの方と話したかと思えば、午後からはヨーロッパの方たちと一緒に盛り上がるとか、世界中のいろいろな人とつながることができる。ファンになってくださる方も増えてきて、本当に楽しい毎日です。

初めは「起業2回目だから、とにかくやるしかない！」という感じでしたけど、今は楽しくて、毎日ワクワクしています。

この章のまとめ

▼各ツールの特徴を知り、
自分のビジネスに合った配信ツールを選ぶ

▼配信に先立って自分に合いそうな
コミュニティやグループに参加する

▼「エレベーターピッチの自己紹介」を考えておく

▼商品は先につくらない。
視聴者のニーズをとことん聞くことで商品をつくる

▼稼げるサイクルをつくるために
クロージングにもお客様目線をつらぬく

第4章

稼げるライブ配信のための「7つの心得」

章末特典

動画でわかる！

「今最もアツいSNSの特徴」

※下記、QRコードを読み込んでご覧ください
（予告なく動画サービスが終了する場合もあります）

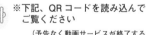

稼げるライブ配信7つの心得

さて、これまでライブ配信の特徴や基本的な方法をお伝えしてきました。

ライブ配信のイメージが少し湧いてきましたか？

もしかしたら、まだイメージも湧かないし、やっぱり難しく感じる人もいるかもしれませんね。私はこれまで多くの人を見てきて、「ライブ配信を始められない」「続けられない」という人の原因はスキルよりマインドにあると思うようになりました。

特に大きいのが、「自分にはできない」と思い込んでしまう心理的な壁です。

そこで、この第4章では、ライブ配信を始めて続けていくための心得を7つにまとめてお話ししたいと思います。

心得その1　「決める」を決める

何かを始めるときに一番大切なのは、「決める」を決めることです。「決める」を決めていない人は続きません。

まずは自分が「どうなりたいか」という目標を決めることです。

会社や組織に属していると、職場で目標設定をすることもありますが、それは会社や組織が決めた目標です。自分のことは自分で決めないと目標達成できないのです。

私も10年間「セミナー難民」をしているときは、「自分がどうなりたいか」まで考えていませんでした。「セミナーに参加すれば、人生が変わるのではないか」と漠然と、受け身的に考えていたのです。

そうではなくて、まずは自分で目標を決めることが大事です。ライブ配信を始めるなら、「来月からライブ配信を始める」と決めること。

「決める」を決めるためにはいくつか方法がありますので、ご紹介しましょう。

理想の人や憧れの人をイメージしてみる

あなたは、これからどんな人生を送りたいですか？　どんな人になりたいですか？

何かを始める際には、具体的な目標やイメージを思い描くことが大事です。

ですから、今もしも自分の理想の人や憧れの人がいたら、その人を意識してみるのも一つの方法です。「あの人のようになりたい」と自分の目標にするのもいいし、「○○さんとSNSでつながる」「○○さんにイベントに来ていただく」など、その人物を自分の目標に絡めてもいいと思います。

実は私にも憧れの人が何人かいて、私の主宰するイベントに来ていただくことを目標にしています。とても嬉しいことに、なかには実際に叶《かな》ったこともあります！

数値を入れた具体的な目標を立てる

「今月中に1回はライブ配信をする」とか「複業で、月に5万円の収入を達成する」など、具体的な数値目標を立てるのも効果的です。

実は、私は毎年1月に年間計画を細かく立てて、書き出しています。「個人でこんなに緻密な年間計画を立てている人は初めて見た」と驚かれる人も多いのですが、「今年はこういうことをする」とか「いつまでにこれを達成する」ということを、数値を交えてカレンダーにも細かく書き込むのです。

そして、常にそれを振り返ってチェックします。

特にSNSでの発信に関しては細かく分析しています。Facebook、Instagram、

YouTube、TikTokなど、それぞれのプラットフォームを一覧表にして、今日のフォロワー数はどれくらいか、何回配信したかをチェックします。目に見える形で目標までの到達具合を分析するのです。

このように目標を決めて進捗《しんちょく》状況をチェックしていると、だいたい年初に描いていた目標は達成できます。もちろん数字だけを追い求めるわけではありませんが、「自分で決めたことは、やる」という姿勢が大切です。

なかなか始められないという人は、まずスタートする日付を決めて、周囲の人に伝えるといいでしょう。

ミッションとビジョンを決める

さらに効果的なのは、「ミッション」と「ビジョン」という大きな目標をしっかり立てておくことです。

ミッションというのは、**自分が死ぬまでに成し遂げたいという使命**です。

ビジョンは、**将来、どんな自分になっていたいかという理想の未来**のこと。

このミッションとビジョンを明確にすることで、自分がこれから何をしていきたいのか、そのためには、どんな自分になっていればいいのかがはっきりします。

すると、そのためには、これから何をするべきか、どんなアクションを起こせばいいのかが自然と見えてくるため、初めの一歩を踏み出しやすくなります。

また、どこを目指せばいいのかがはっきり見えているため、途中で道を間違ったりすることなく、最短距離で進み続けることができるようになるのです。


そして、それを多くの人に伝えていく、つまり発信することが大事です。

あなたは、どんなミッションを感じていて、どんなビジョンを持っているのか。

これから、どんな方向に進もうとしているのか。

それが視聴者やフォロワーに伝われば、共感してくれる人や応援してくれる人、信頼してくれる人が出てきます。

それが、あなたを後押しする力になるのです。

どんな人でも途中でやめたくなったり、くじけそうになったりすることがありますが、きっと誰かが待っていると思えば、少しずつでも続けていくことができます。

私のミッションは、「女性が気軽に、パラレルキャリア（複業）で自己実現できる土壌をつくること」。そしてビジョンは、「ニッチでトップ（小さなお山の大将）になれるオンラインビジネスを構築すること」。

あなたは、SNSでの発信やオンラインでの起業を通して、どんなことを叶《かな》えたいですか？　ぜひ、じっくり考えてみてください。

テンプレートを活用する

ミッションとビジョンをなかなか決められないという人がいたら、テンプレート（ひな型）を使うのもオススメです。

テンプレートがあれば、順序を追って項目を埋めていくことで、自分のミッションとビジョン、やりたいことなどが見えやすくなります。

私のコミュニティでは、『未来日記講座』という講座で、ワークシートを使って自己分析しながら、自分のミッションとビジョンを明確にしていきます。

仲間に語る

ただし、大きな夢があっても、目の前の仕事や生活に追われていると、夢を忘れてしまうこともあります。

また、周囲から邪魔をされることもあります。あなたの夢を妬み、その実現を邪魔してくる「ドリームキラー」が周囲にいる可能性もあるでしょう。

その際には、夢を語り合える仲間がいると、実行しやすくなります。自分の夢を語ることで、夢を忘れずに育てていくことができますし、誰かに夢を語っておくと、思わぬご縁がつながったり、チャンスを得られたりすることもあります。

自己発信や起業を始めると、あなたから離れていく人もいるかもしれませんが、新しくできる仲間もたくさんできるはずです。

ぜひ、夢を語り合える仲間を見つけてほしいと思います。

心得その2　SNSの俳優になりきる

さて、始めることを決めたものの、「それでもやっぱり、ライブ配信をするのは恥ずかしい……」と感じる人はいらっしゃると思います。

そういう人に、私はこうオススメしています。**男優や女優になったつもりで、自分**

夢叶シート

ビジネス

健康

叶えたい大目標

人間関係

社会目標

「叶えたい大目標」を記入し、その達成のための
「ビジネス」「人間関係」「健康」「社会目標」の
４つのカテゴリーの目標を記入する

自身を演じてみましょう、と。

「ＳＮＳでの自分」を自分でブランディングして、それを演じるという感覚です。

たとえば、自分の憧れの人がいたら、その人をイメージするのもいいと思います。

その際には、**同業種と異業種から合計3人、憧れの人を見つける**といいでしょう。

自分と同じような分野や業界の人だけでなく、まったく違う業界の人から選んでもいいのです。私の場合、起業塾を主宰している女性経営者さん２人のほか、某有名女優さんも、憧れの人としていつもイメージしています。

その人たちからは、話し方や顔の表情、メークやファッション、雰囲気や世界観、さらに発信の方法なども参考にさせていただいています。

「バズる動画を参考にする」という話のところでも触れたように、１人だけを見ていると似てしまうことがありますが、複数を参考にすれば真似にはなりません。うまく要素をミックスしたり、自分に合うものだけを取り入れたりすればいいのです。

また、自分自身の姿を何度かビデオ撮影してみて、一番調子のいいときの姿を常にイメージするのもいいと思います。

大事なことは、常に「人から見られている」という意識を持つことです。

なぜなら、あなたはＳＮＳの俳優なのですから、人に見られるのは当たり前。あなたの「最高の姿」を見てもらえるように、さまざまな工夫をしていきましょう。

何より、ライブはエンタメです！

明るい雰囲気や楽しそうな演出があると、見てもらえる確率が高くなります。

テンションは、普段の3割増しに！

アップテンポで、どちらかというと、やや早口で話します。ゆっくり話していると動画では見ている人に歯がゆさやじれったさを感じさせてしまいますから、前のめりで、できる限りのエネルギーを出すことが大事です。

撮影の際の服装

撮影の際は、明るい服装のほうが、表情が映えます。

私はもともと黒い服が好きだったのですが、ライブではあまり着ないようにしています。黄や赤などの情熱を感じられる色や、青や緑でも明るくはっきりした色を着ることが多いです。清潔感や強さを感じられる白もいいですね。表情も明るくなります。

また先日、「この前、テレビであの女優さんが着ていた服」を着て、その話をしたら、とても盛り上がりました。

メーク

メークは、全体的に多少濃くしたほうが華やかに映ります。女性だけでなく、男性も、ファンデーションなどでハリのある肌をアピールしてもいいでしょう。

ライト

明るく映るためには、ライトも大事です。オンラインミーティングやビデオ会議で使っている人は多いと思いますが、ライブ配信では必需品です。

私も、大きくて照明がたくさん付いているミラー型ライト（俗にいう「女優ライト」。2万円もしました！）から、2000円のライトまで、たくさんの種類を買って試してみましたが、3000円ほどのクリップ型のライトが手軽に持ち歩けて使いやすく、一番壊れにくいです。

WEBカメラ

PC用の4KWEBカメラを使うようになって、画質がいいので、オンラインで肌がキレイと言われるようになり、とても好評です。

小道具も使って楽しもう！

ライブでは、視聴者を飽きさせないために、いろいろな小道具を使うのもお勧めです。たとえば以前、視聴者のウケが良かったのが、タモリさんが『笑っていいとも！』で使っていたようなスポンジマイク。通称「タモさんマイク」です。

特に対談のときに相手にさっと差し出すと、いかにも番組のインタビューのような感じで雰囲気が出ます。先日も、このマイクを持ったらテンションも上がって、つい「緊急速報です！」なんてやったら、コメント欄が盛り上がりました。

また、ハロウィーンやクリスマス、お正月など、その季節に応じた衣装や仮装をしても楽しいですよね。

自分たちが楽しんでやっていると、画面からもその楽しさは伝わってきますから、まずは楽しむことが大切です。

昼間などに外で野外ライブをするのも、気分が変わって楽しいですよ。

撮影の際にあると便利なもの

また、撮影の際に用意しておくと便利なのは、テレプロンプターです。テレプロンプターは、撮影で台本を読むための道具です。私はスマホの「テレプロンプター」というアプリを使っています。これがあると、カメラ目線を維持しながら台本を読むことができます。これを使うようになってからは、早く撮影できるようになりました。


このように、SNSの俳優になりきるために、気分の上がるものを選びましょう。

実は、私は2021年7月に東京・銀座にエステサロンをオープンしました。「なぜエステサロンを?」と多くの人に驚かれたのですが、ライブ配信をするライバーたちは、常に自分を磨く努力をしています。

年齢には関係なく、また女性だけでなく男性も、自分の魅力や素敵な部分を知って、どんどん引き出してほしいと思っています。

心得その3　インプットしたらアウトプットする習慣をつける

心得の3つ目は、アウトプットの習慣をつけることです。

もちろんインプットも大切です。私自身、今でもプロデュースや情報発信の方法を学んだり、書籍を読んだり、講演に参加したり、美容の研究をするなど、年間で1000万円はインプットに費やしています。

ただし、学んだらそのままにせず、きちんとアウトプットするようにしています。

というのも、**人に教えることは、自己成長のための最良の手段**だからです。

それをよく表しているのは、アメリカ国立訓練研究所が発表した「ラーニング・ピラミッド」の図です。

人が何かを学ぶ際、どの学習方法が記憶に定着しやすいかを調べたところ、もっとも記憶の定着率が低いのが「講義を受ける」でした。人の話を聞いているだけだと、平均記憶率はたったの5％。100聞いても、5しか記憶に残りません。

その次が「読書」で10％。それ以降は、「ビデオ・音声などの視聴覚教材を使う」「実

ラーニングピラミッド

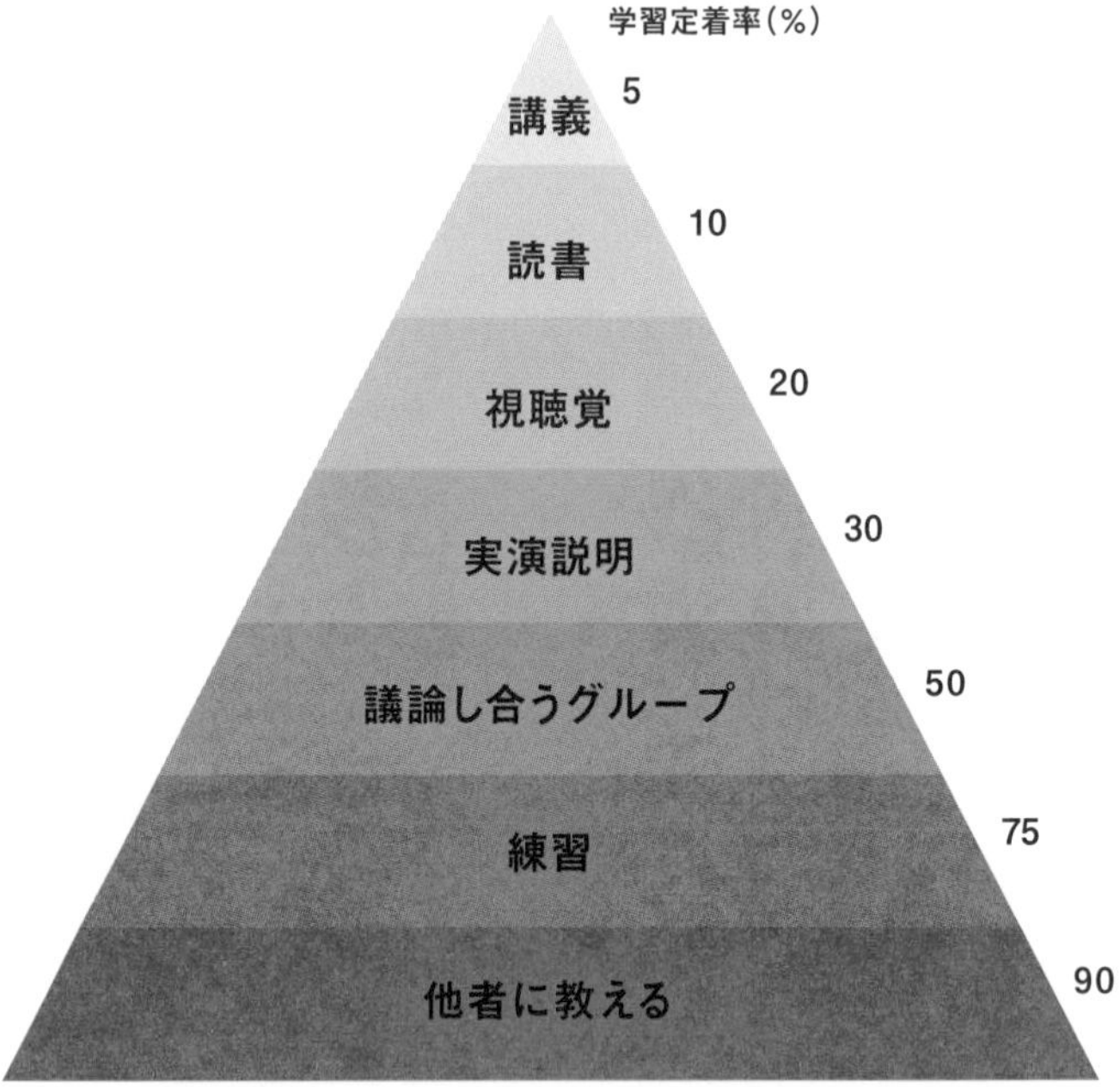
学習定着率(%)
講義 5
読書 10
視聴覚 20
実演説明 30
議論し合うグループ 50
練習 75
他者に教える 90

演を見る（人が行う実験を見る、見学に行くなど）」「他者と討論する」「実践による経験・練習」の順で上がっていき、もっとも記憶に残りやすいのが「他の人に教える」こと。自分が学んだことを人に教えると、記憶の定着率は90％にも上がります。聞いているだけでは5しか残らないのに、人に教えると、90も残るのです。

それはなぜでしょうか？

人は、教えるために自分が学んだことを振り返ります。「つまりこういうことだ」と理解を深めようとしますから、学びの効果もグンと上がるのです。そして、自分が理解していないことは教えることができませんから、人に教えるという目的を持っていると、しっかり吸収しなくちゃ、と真剣になります。

ですから、私は1時間学んだら、1時間は発信に使うようにしています。

インプットとアウトプットの対比を「1：1」にするのです。

話を聞いてわかったつもりになるのではなく、人に伝えることでしっかり自分の身に付けます。それは同時に他の人にとっての学びにもつながり、役に立ちます。

心得その4　完璧主義をやめる

一般的に、慎重な人は物事を始めるのが遅くなります。最初の一歩がなかなか踏み出せないのです。

それはなぜかと言えば、完璧さを求めてしまうからです。

よく「セミナーの構成ができてからライブ配信します」「資料をつくってからやります」と言う人がいるのですが、まずはライブ配信で視聴者の反応を見てから商品の内容を考えたほうが、いいものができます。

また、最初はフォロワーが少ないのも当然です。

それらをお伝えしても、やはり前に進めない人もいます。「失敗したら恥ずかしい」と思っているのでしょう。

いいえ、失敗はそれほど気にすることはありません。**ライブでの失敗は「その人らしさ」につながる**のです。

先日も、配信中に小さいお子さんが泣き出してしまい、「ごめんなさい」と謝っているライバーがいましたが、コメント欄は励ましの言葉でいっぱいでした。むしろ小さな子どもがいても頑張っている姿に、視聴者は共感したのです。

ライブには、その人の個性が表れます。

私自身、ライブ配信をしているときも、以前はたまに我が子が入ってくることもあったのですが、私はそれほど気にしませんでした。そのときに「あっちに行きなさい！」なんて叱ったりしたら、視聴者も不快な気持ちになってしまうでしょう。もしかしたら、なかには子どもが映り込むことを快く思わない人もいたかもしれませんが、そういう人は私から離れていきます。でも、万人に好かれることを考えるより、自分の個性を受け入れてくれる人を探したほうが、長く続けていくことができます。

ライブ配信では、失敗しても大丈夫。

むしろ、ライバーがどんな人で、どんなことを考えているのかを、視聴者やフォロワーは見たいのです。

完璧主義をやめれば「その人らしさ」が出てきます。ライブ配信では個性や価値観に共感した人が集まってきますから、むしろ自分らしさを出したほうがいいのです。

というよりも、ライブ配信では失敗と向き合っていくしかありません。収録動画は後から編集作業で直せますが、ライブ動画では撮り直しができませんから、間違えたら「間違えました」と言ってやり直すとか、代替策を考えるなど、臨機応変に対応していくしかないのです。

以前、途中で接続が途切れてしまい、「ごめんなさい、今日はどうしてもつながらないので、また明日やります」と言って翌日に配信したこともありました。

ライブ配信をしていると、完璧主義ではいられません。もともと私にも完璧主義の一面がありましたが、ライブ配信を始めてからは、そうではなくなりました。

そうはいっても、私も配信中に接続が途切れてしまったときは、さすがに落ち込みました。

でも、振り返ってみれば、単に私の技術的な知識が低かったことが原因です。

それなら、技術に詳しい人に聞くのが一番だと考え直して、サポートしてくれる人を探しました。またそれ以来、私はパソコンを3～4台体制にして、バックアッププランを想定しておくようにしています。

こんなふうに、ライブ配信をしているうちに失敗の回避策も考えられるようになりますし、ITの知識も自然と増えていきます。

それでも、想定外のことは起こり得ます。

その際も、やはり完璧主義に陥らないことです。会社などの組織だと失敗は大きな失態につながることもありますが、自分自身の配信なら失敗は失態にはなりません。「悩んでいるより、明日もっと工夫しよう」という現実志向に向かうのです。

それに、失敗は悪いことだけではありません。

失敗を一つひとつ経験していくうち、メンタル面もどんどん強くなっていきます。

また、自分が成長する材料になるだけではなく、**自分の失敗は誰かの「成功の母」**になるのです。

だから、私は自分の失敗をコミュニティでシェアしています。「こんな失敗しちゃった」とアップすると、「ためになります」と多くの人が感謝してくれるのです。

そういえば、前にも書きましたが、ライブ配信を始めた頃、私は資料の出し方がわからず、マジックで書いた紙を持って、紙芝居風にセミナーをしていました。

以前、ライブ配信をためらう人たちにそれを見せたら、皆「え、これでいいの？」「でも、これも味があって面白いかも！」と安心していました。

私の姿を見て、ライブ配信のハードルを下げてくれたのです。自分ではちょっと情けないなと思っていた紙芝居が誰かのためになるなんて、嬉しい誤算でした！

心得その5　ベクトルを外に向ける

それにしても、なぜ人は完璧主義に陥ってしまうのでしょうか？

それは、ベクトルが自分だけに向いているからです。

完璧主義に陥る人は、関心や興味の方向を自分だけに向けているために、完璧さから逃れられないのです。

誰かの行動を見て「そこに、そんなにこだわる必要あるかな？」と不思議に思うことってありませんか。その人にとっての「完璧」も、人から見たら完璧ではないかもしれません。自分ではいいと思うことも、相手がいいと思わない可能性もあります。

少しきつい言い方になりますが、ベクトルが自分だけに向いている人は、自分で満足しているだけです。ライブ配信やオンライン起業をしたいと言っているのに「まだ完璧じゃないからできない」と言い続けている人に、私は、「**ベクトルが自分だけに向いていない？ 視聴者のことを考えている？**」と聞くことがあります。

自信がないからできないという気持ちはもちろんわかりますが、ずっとそう言い続けて前に進めないとしたら、やはり、その人のベクトルは自分だけに向いているのではないかと思うのです。

たとえ、自分のなかで100％の準備ができていないとしても、視聴者やお客様のニーズとずれていたら、その「100％」には意味がありませんよね。

でも、自分のことだけではなく、視聴者やお客様のことも考え始めると、「相手が何を求めているか」を知りたいという気持ちが湧いてきます。そうなると、行動は早いです。自分だけで考えていても答えは出ない、だから何が必要なのかをライブ配信で視聴者に聞いてみようと思えるのです。

ベクトルを外に向けると、完璧主義から脱却できるということです。

また、自分中心で考えている人は、自分の失敗を他の人や他のもののせいにしようとする傾向があるようです。

以前、「パソコンの調子が悪いからライブ配信ができない」と言い続けている人がいましたが、聞いてみると、スマホもiPadも持っていると言います。スマホやiPadでもライブ配信はできます。

もちろん、無理をしてやる必要はありません。でも、やりたいのに「パソコンのせいで」できないというのは、やはり言い訳になってしまうのではないでしょうか。

自分のベクトルがどこに向いているかに、気づいていない人も多いと思います。

そんなときは、第三者の視点があると自分を客観的に見ることができます。

「少し考えすぎているかも」とか「そこは、そんなに気にしなくて大丈夫だよ」といったアドバイスがあると、「そんなにこだわらなくていいか」と気付き、良い意味で「いい加減」になれるはずです。

ですから、やはり応援し合える仲間は大事です。

始めたいのに、なかなか始められないという人は、まず仲間を探すことから始めるといいでしょう。

心得その6　損して得を取れ

心得の6つ目は、**そのときの損得で物事を考えないということです。**

よく「ギブ&テイク」といいますよね。

でも、そのときにテイクが得られなくても、自分から誰かにギブすれば、それはいつか返ってきます。今は多少損をするかもしれませんが、1年後か2年後か、ひょっとしたら10年後かもしれないけれど、いつか必ず返ってくるのです。

私も、その時点だけでの損得を考えたら、かなり損をしてきたと思います。

でもそれが巡り巡って、今、たくさんのご縁をいただいています。この出版のお話をいただいたのも、そうしたご縁からです。そのときは損をしたかもしれませんが、長い目で考えたら、まったく損ではなかったのです。「損して得取れ」と言いますが、まさにその精神です。

そもそも、いろいろな複業をしてきたなかでたくさん損をしてきたので、その際にいちいち損得を考えていたら、今の私はいなかったはずです。

ただ、何かを始めたときには余裕がないため、どうしても自分のことだけで精いっぱいになってしまうこともあります。その時点での自分のメリットばかりに目が向いてしまうかもしれません。

そんなときは、まず**「自分のミッションやビジョンに合っているか」**を考えてみてください。

そこが合っているなら、今は多少遠回りや損をしても、受け入れてください。自分の夢に少しでもプラスになることだったら、そのときは損しても、一時的に赤字になっても、やったほうがいいと私は思っています。

また私自身は、お金はどこかで返ってくると思っていますが、やはりお金がないと生活は苦しくなり、余裕がなくなってしまいます。

ですから、お金に困ったり焦ったりしなくていいように、本業は続けられるなら、なるべく続けた方がいいでしょう。

複業では、自分の行動によって誰かに価値を与えられるということを実感するのが大切です。一気に大きなお金を稼ごうとすると、やはりうまくいきません。

逆に言えば、ミッションやビジョンを持っていなければ、お金やメリットなどの短期的な損得だけで物事を考えるようになり、長期的な視点は持てないということです。長い目で物事を見なければ、夢を叶《かな》えるのも、お金を稼ぐのも難しくなります。

その意味でも、まずはミッションやビジョンを持つことが大事ということです。

心得その7　ワクワクするほうを選ぼう

心得の最後は、「楽しむこと」。どんなことも、楽しくなければ続けられません。

また、ライブ自体も、ただ真面目に話すより、遊び心を入れると見てもらいやすくなりますから、視聴者も自分自身も楽しめるような工夫を考えてみましょう。

たとえば先日は、83ページで触れた、いとうかおるこさんのクリニックからライブ配信しました。クリニックからのライブ中継なんてなかなかできませんから、盛り上がりました。また、場所が帝国ホテルなので、「せっかくなら」ということで、その後に帝国ホテルのインペリアルラウンジアクアからライブ配信をして名物の「アフタヌーンティー」をオーダーしてレポートしました。

これは、3段重ねのティースタンドに旬のフルーツを使った数々のスイーツやパイ、スコーン、肉料理などが満載に盛られたもの。かなり豪勢なお茶ですが、それだけに視聴者は興味津々で見てくださいました。

また、銀座のエステサロンを開業した際は、お披露目のためにすし職人さんに来ていただき、豪華立食すしパーティーを開催してフォロワーから参加者を募集したところ、すぐ満席になりました。

やはり何かしら楽しそうなものがあると、たくさんの人が見てくれますよね。楽しんでいる人のもとには人が集まってきます。

皆さんも、ぜひ、楽しむための仕掛けやご褒美を考えてみてください。

そもそもライブ配信というのは、自分が好きなことや面白いと思ったことを話せばいいのですから、基本的には楽しいはずです。

自分を発信するのって、自己表現につながりますから、楽しいことなのです。

私の主宰するコミュニティでも、初めてライブした人のほとんどが「**思っていたよりずっと楽しかった!**」「**緊張したけど、やって良かった!**」と言います。

そのお顔は、皆さん、開放感に満ちあふれて実にイキイキしています。大きな壁を乗り越えて、新しい自分を発見したのでしょう。

ただ、なかにはどうしても人からの反応をネガティブに受け取ってしまう人もいます。

でも、そういう人もポジティブな人と関わっているうち、次第にポジティブに染まっていきます。

ですから、そういう人はまず、環境を変えればいいのです。

私自身も、会社員時代はネガティブな気分に陥ることがよくありました。

特にお局様にビシバシ鍛えられていた20代の頃は、「きっと私のことを嫌いだから、こんなに厳しくするのだろう」と思い込んでいましたが、考えてみれば、嫌いな人にはそこまで目をかけてくれませんよね。

ただ、会社員時代の私は、物事をネガティブに捉えてしまうことのほうが多かったし、人の言葉を疑うこともありました。やはり自分に自信がなかったからでしょう。

そんな私がポジティブな性格に変わったのは、複業を始めてからです。

ライブ配信を始める前はよく、「私に複業なんてできるかな」とか「発信なんて無理」

とか、ネガティブばかりを口に出していたのですが、あるとき、お世話になっていたビジネス講師の方にこう言われたのです。「三浦さんなら、できるよ」。

その一言でふっと体が軽くなり、自分を信じてやってみようという気持ちが湧いてきました。

そして、自分を信じていろいろトライしていった結果、少しずつできることが増えていき、少しずつ自信も出てきたのです。そうすると、自分だけでなくて周りの人のことも素直に信じられるようになってきました。


やはり、言葉の影響は大きいですよね。あのときにかけられた一言のおかげで、私もムクムクと意欲が湧いてきたのです。

ですから、私のコミュニティでは「マイナス言葉は禁止にしよう」と言っています。

ただ「できない」と言うのではなく、「今はできない。だから、どうしたらできるか考える」というように、ネガティブな言葉でも語尾をポジティブに変えてみるのです。

または、嫌な経験をしたら「勉強になった」と捉えてみます。

自分自身でネガティブをポジティブに持っていく工夫も必要です。

「うまくいかなかったらどうしよう」ばかりを考えていると、その思考が現実化してしまいますから、「うまくいかなかったとき」を考えるのではなく、「どうやったらうまくいくか」を考えるようにします。

また、私はよく受講生が出した目標よりも、少し上の目標を目指そうと言います。人は無意識のうちに安全圏にとどまろうとしますが、「あなたなら、最低でもこのくらいはできると思うよ」と周囲から期待されると、意外と達成できてしまうことがあります。やはり周囲の励ましや期待が、その人の自信を育ててくれるのでしょう。その意味でも、仲間というのは心強い存在になります。

そして、もしも**何かに迷ったときは、「ワクワクするほう」を選ぶ**ことです。やりたくないことを無理して選ぶより、自分が心から楽しいと思えること、没頭できることを選ぶ。私もずっと「パラレルキャリアで自己実現できる土壌をつくる」という使命に燃えています！　まさに、寝食を忘れてでも打ち込めるものです。もちろん、ちゃんと寝て、しっかり食べていますが、それくらい燃えているのです。

でも、目の前の仕事や会社が忙しすぎて、自分がワクワクするものがわからなくなっている人もいるかもしれません。

先日も、会社から与えられた目標を達成するのに精いっぱいで、自分がやりたかったことなんて忘れてしまった、と言う人がいました。会社員生活が長くなると、「自分が何にワクワクするか」なんて考えないようになってしまいます。

その場合は、会社以外の環境を変えてみるといいでしょう。

気になるコミュニティに入ってみるとか、何かを学んでみるということです。

もちろん時間は限られていますが、今はオンラインのコミュニティやウェビナーなど、さまざまなものが開催されています。通勤時間やスキマ時間を使って、参加できるものを探してみましょう。

今の生活を変えたいけれど、いきなりライブ配信は難しいと感じる人は、まず**自分で自分の環境を変えてみる**ことをオススメします。

そして、最後にお伝えしたいのは、**悩む思考を捨てよう**ということです。

なぜ悩むのか。暇だからです。時間があるから悩んでしまう。それなら、次につながる活動をしたほうがいいでしょう。Facebookに投稿するのでもいいし、自分のミッションを考えるのもいいでしょう。

とにかく、悩んでいると何もできません。

まずは始めてみることが大事なのです。

この章のまとめ

▼なるべく具体的な目標を立て、「決める」を決める

▼配信の際は、男優や女優になったつもりで、自分自身を演じる

▼インプットしたらアウトプットする習慣をつける。自分の成長にベストな手段は人に教えること

▼完璧主義をやめる。失敗もその人の味になる

▼関心や興味のベクトルは自分ではなく、視聴者に向ける

▼損して得を取る。そのときの損得で物事を考えない

▼視聴者も自分もワクワクして楽しめる遊び心が重要

第5章

ビジネスが加速するコミュニティづくりのコツ

章末特典

動画でわかる！

「稼げるライブ配信のための SNSを制する人が必ずしているブランディング」

※下記、QRコードを読み込んでご覧ください

（予告なく動画サービスが終了する場合もあります）

自己発信で新しい仲間を手に入れる

ライブ配信やオンライン起業の方法についてお話ししてきましたが、この2つをする上で、決して忘れてはいけないものがあります。

それは、仲間やコミュニティです。

会社員とパラレルキャリアワーカーの違いはたくさんありますが、特に、仲間を会社や組織から与えられるか、それとも自分でつくっていくかは大きな違いです。

会社員の場合は、たいてい自動的に同僚や上司、仕事仲間ができます。

自己発信やパラレルキャリアをする上では、仲間は自分でつくっていきます。また は、あなたが発信を続けているうち、その内容に共鳴してくれる人や応援してくれる仲間が集まってきます。

ライブ配信やオンライン起業をする上で、視聴者やフォロワー、そしてファンの存在は欠かせません。こうした人たちを大事にして、一緒に成長していくという思いがなければ、自己実現やビジネスを成功させることはできないでしょう。

また、志を同じくする人とのつながりがあれば、困ったときに助け合い、フォローし合うことができます。夢を語り合う人がいれば、自分の夢を忘れずに挑戦し続けることができます。仲間がいると、物事を始めるのも続けていくのも楽になるのです。

実際に、複業をしたいと考えている人のなかには、「収入を増やしたい」以外に「社外の人と交流したい」という思いを持つ人も多いのですが、自己発信や複業では、自分で仲間やコミュニティをつくっていくことができます。こうした仲間やコミュニティは、あなたの人生をさらに豊かにしてくれるはずです。

皆さんも「サード・プレイス」という言葉を聞いたことがあると思います。自宅や職場とは違う心地よい第三の場所のことですが、このサード・プレイスには、自分らしさを実現してストレスを減らす効果があると言われています。

会社や家庭以外の場所でつながりや人脈があれば、たとえプライベートや本業でうまくいかないときでも、行き詰まってしまうことは少なくなるでしょう。お互いに理解し合える人、励まし合える人がいれば、大きな安心感につながるのです。

私の主宰するコミュニティでも、新型コロナウイルスの影響で長年勤めていた会社を解雇され、失意のどん底に陥っている方がいました。海外在住で、街がロックダウンされ、外出もできずに引きこもっている方もいました。

でも、その方たちも「コミュニティに参加して仲間ができた」「オンラインビジネスを始めて仲間と収入が増えた」と喜んでいます。

自分で仲間や人脈を築いていくことで、あなたのビジネスも大きく広がり、加速していくのです。

そこで、この章では仲間やコミュニティのつくり方についてお話しします。

まず、コミュニティに参加してみる

これまで何度か書いてきたように、「ずっとライブ配信をためらっていたけれど、誰かと一緒におしゃべりする対談ならできた」という人は少なくありません。

先日も、「どうしてもライブ配信に踏み出せない」と悩んでいる方に、コミュニティの仲間がついて一緒に対談ライブをしていました。

ライブ配信で失敗したようなときも、コメント覧でフォローしてくれる仲間がいたら、やはり心強いですね。

だからこそ、コミュニティや仲間は大切です。

今はインターネットやSNS上にたくさんのコミュニティがありますから、気軽に仲間やコミュニティが探せる時代です。

まずは、**自分の趣味に合ったコミュニティや興味のあるコミュニティに参加してみる**といいでしょう。

また、何かやりたいことがあるなら、その目的に沿ったコミュニティに参加するのも一つの手です。

たとえば起業したいという目的があるなら、起業コミュニティや起業塾があります。痩せたいなら、1人で頑張るのもいいですが、ダイエットコミュニティに入って仲間と一緒に挑戦するのもいいと思います。または、いつか自分の本を出したいから著者コミュニティに入るなど、自分の目的や性格に合いそうなコミュニティを探して参加してみましょう。

私も、いくつもコミュニティに入っています。

忙しくて全部にはとても参加できていませんが、コミュニティから思わぬ人脈につながることもあって助かっています。

ただ、コミュニティは何でもいいわけではありません。リアルな人間関係と同じようにさまざまな性格の人がいますから、自分に合ったものを選ぶ必要があります。

事前によくコミュニティの情報を見たり、お試しで参加したりしてみて、直感的に自分の肌に合うところを選びましょう。

一般的に、メンバー同士のコミュニケーションが活発に行われているコミュニティはうまく回っています。

ただし、コミュニケーションが活発でも、なかにはお互いにけん制し合ったり、攻撃し合ったりしているコミュニティもありますから、メンバーの雰囲気が自分の性格に合うかどうかもチェックしましょう。

できたら、**メンバーが応援し合っているようなコミュニティがベスト**です。

自分のコミュニティをつくる

そして、その次には自分自身でコミュニティをつくることを考えましょう。

特に、フォロワー数が増えてきてセミナーや講座にお客様がつくようになったら、自分主宰のコミュニティをつくることをオススメします。

お客様とあなた、さらにお客様同士が気軽に交流できる場をつくっておくことで、コミュニケーションはさらに活発になり、お互いの成長につながります。もちろん、次のビジネスにつながることもあるでしょう。

リアルな場やインターネットにはさまざまなタイプのコミュニティがありますが、Facebookを使っている人は「Facebookグループ」をつくることで自分主宰のコミュニティをつくることができます。

Facebookグループは、趣味やビジネスなどの共通のテーマのもとにメンバーを集め、情報を共有し、交流するためのツールです。

FacebookグループとFacebookページは名称が似ていますが、中身は違います。

Facebookページ　→Facebookユーザーでなくても、誰でもアクセスできる

Facebookグループ　→基本的にはグループメンバーしかアクセスできない

外に開かれているFacebookページに対して、Facebookグループは基本的に特定のメンバーしかアクセスできません（プライバシー設定を「公開」にすれば、メンバー以外も投稿を見ることができます）。

その分、チャットやファイル共有機能が使えるなど、メンバー間のコミュニケーションが取りやすいのがFacebookグループの特徴です。

Facebookグループでは、画像や動画、ワードやエクセルのファイルなどの資料を簡単に共有することができます。メンバーがファイルをアップロードすると、他のメンバーもそのファイルにアクセスすることができるのです。

さらに、グループのメンバーの間で「アンケート」を取ることができます。質問とその回答の選択肢を用意しておくと、メンバーが回答できるのです。この機能を使えば、ライブ配信の内容や開始時間などメンバーの要望を知りたいときに、気軽に知ることができます。

ですから、Facebookグループの機能を使えば、ライブ配信の前にメンバーの知りたい内容のアンケートを取っておくことも可能です。

メンバーに「今、こんな講座を考えているのですが、AとBとCのうち、どれに興味がありますか?」というアンケートを取ってみるのです。その結果を見て、どんな内容を話すかを決めます。

私自身も、自分ではAがいいと思っていたけれど、メンバーにアンケートをとってみたらBが多かったということはよくありました。自分が発信したいことだけを発信するのではなく、メンバーが興味のあることを積極的に探っていく必要がありますが、そんなときにもFacebookグループは便利なのです。

Facebookグループのつくり方は、簡単です。

Facebookの画面上部(スマホだと下部)の「グループ」タブをクリックします。

次に、「新しいグループを作成」をクリック。

「グループ名」や「公開範囲」「メンバー」を設定したら、「作成」をクリック。

これで、Facebookグループができます。

グループを作成したら、画像や説明文を追加してページを整えましょう。

自分でコミュニティを運営するというと、ちょっとハードルが高いように思うかもしれませんが、最初は気楽な気持ちで始めてみてください。

「皆でおしゃべりする場をつくる」という感覚で、自分のコミュニティをつくるといいと思います。

たとえばダイエットをテーマにしたコミュニティなら、「皆でゆるく始めるダイエットコミュニティ」などのように漠然とした名称で構いません。「○○カフェ」とか「○○ダイエットコミュニティ」でもいいでしょう。

旅が好きだから、マイルの貯《た》め方や使い方などの情報を発信し合い、交流するためのコミュニティをつくっている人もいます。

ちなみに、複業や自分発信をする場合、やはり会社の規定を気にされる会社員の方は多いと思います。

複業が許可されているかどうかは、ご自分の会社の就業規則を確認してください。

Facebookグループ作成も超簡単！

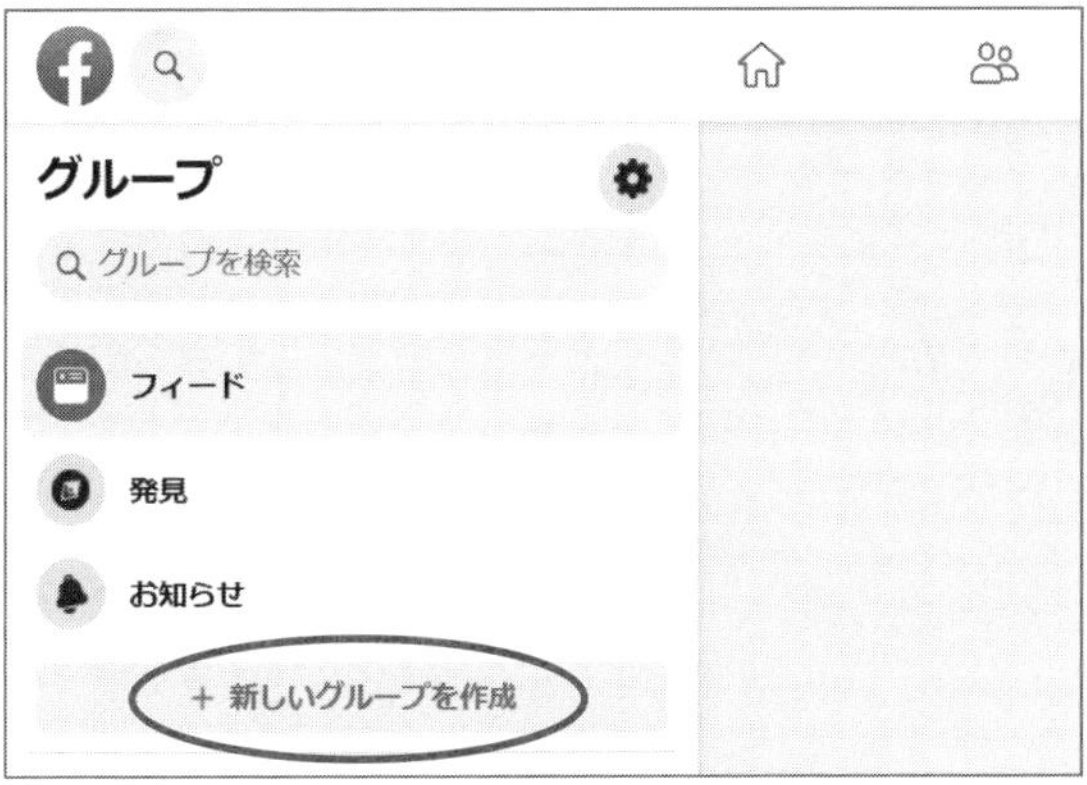

「＋新しいグループを作成」をクリック

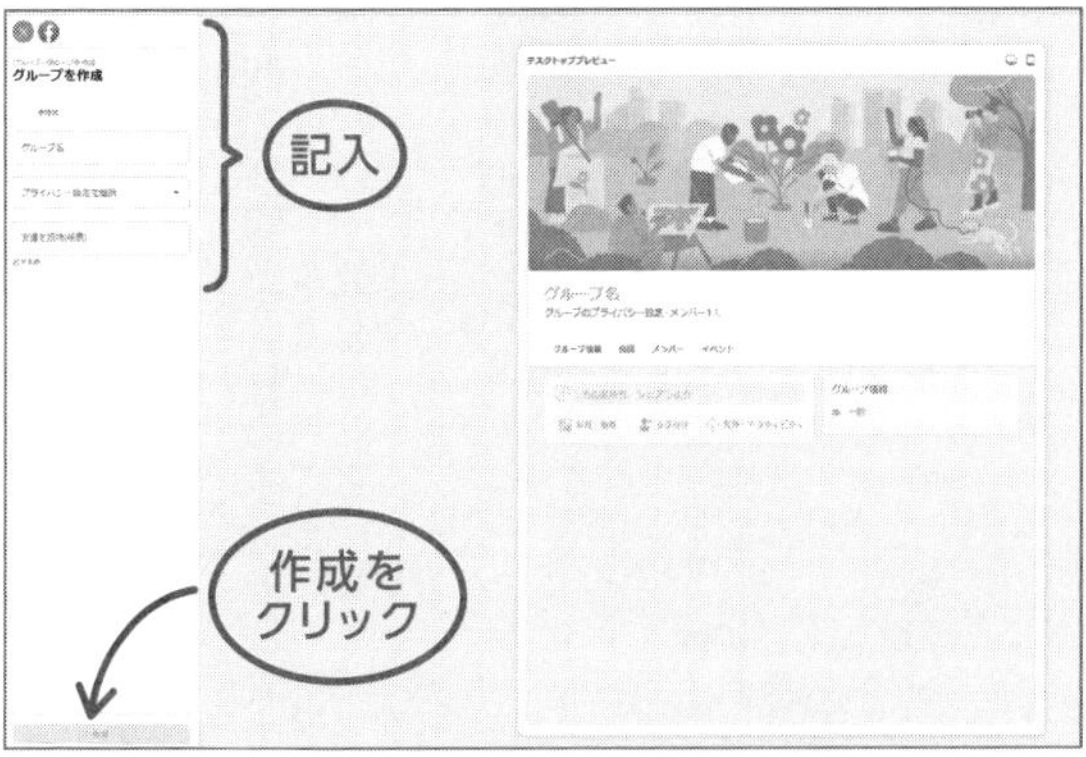

左側の「グループ名」を記入し、プライバシー設定を選択したら、「作成」をクリックですぐできる！

ちなみに、株式会社パーソル総合研究所の調査によると、2021年春の時点で調査企業のうち、55%が複業を許可しています。この割合は年々増えており、今後も増えていくでしょう。

また、情報発信だけなら規定違反には当たらないはずです。

もちろん会社の内部機密や営業秘密、関係者の個人情報、会社の意見と個人の意見が混同されかねないような発信などは制限されますから、気をつけましょう。

カスタマー・トランスフォーメーションを意識しよう

さて、自分が運営側となってグループをつくるとき、いくつか注意しなければいけないことがあります。

まず、メンバーに安心して交流してもらえるように、グループ内で一定のルールをつくるということです。

また、どんな意図や目的でこの交流の場をつくったのかというスタンスを明らかにしておくといいでしょう。そのコミュニティを通してどんなことを実現したいのか、何を大切にしているのかということです。

さらに、コミュニティを運営する上でもっとも大事なのは、**常にカスタマー・トランスフォーメーションを意識すること**です。

カスタマー・トランスフォーメーションというのは「顧客の成長」という意味で使っています。

メンバーが、そのコミュニティにいることで、どう成長できるのか。

その商品を購入したお客様が、どう成長できるのか。

第3章の商品づくりのところでも触れましたが、「自分がこういう商品をつくったから売りたい」ではなく、**お客様やコミュニティのメンバーがどう成長できるかという「ビフォー・アフター」を意識する**ということです。

そのためには、メンバーやお客様の声をしっかり聞くことが大事です。

さらに私は、1人でもお客様がいたら、自分が主宰者となってFacebookグループをつくることをオススメしています。

よく、「お客様が10人ぐらい集まらないと、コミュニティにならないのでは？」と言う人がいますが、そんなことはありません。1人でも2人でもお客様がいたら、コミュニティはできます。

と言いつつ、私も昔は10人以上集まらないと格好悪いと思っていて15人集まった時点でFacebookグループをつくりましたが、後から振り返ってみれば、人数にこだわる必要はありませんでした。別に人数が多いからいいわけではありませんし、たとえ1人でもお客様がいたら主宰者としてグループをつくり、そこからメンバーを増やしていく努力をすればいいのです。

何より大切なことは、**そのたった1人のお客様を大切にすること**です。

なぜなら、お客様の声がお客様を呼ぶからです。特に、コミュニティの初期メンバーの成長を叶《かな》えられるかどうかは、とても重要です。

メンバーのニーズに応え、その成長を助けることができれば、口コミでコミュニティのメンバーはどんどん増えていきます。

でも、メンバーのニーズに応えず、自分のメリットだけを気にしている人のコミュニティからは、どんどん人が離れていってしまいます。

ですから、一番気にしなければいけないのは、自分の売り上げより、目の前の1人のお客様の変化です。お客様が成長すれば、売り上げは自然に増えていくのです。

売り込みではなく、共感セールスを

ところで、セミナーや講座というのは数カ月単位や年単位のものもありますから、場合によっては、何十万円と高額になることもあります。こうした高額商品を売ることに抵抗があるという人も少なくないようです。

でも、こう考えてみてください。

高額な商品を売るということは、お客様を変えるということです。あなたには、それだけの責任があるのです。

だからこそ「お客様がどうなりたいか」が大切なのです。お客様が5キロ痩せることがゴールなら、どうやって痩せたいのかをよくヒアリングしなければいけません。

十分にヒアリングをしてお客様の悩みに応えていくことで、お客様の成長につながります。そうすると、無理やり売り込んでいるという感覚にはならないはずです。

お客様の悩みに応えて、お客様の目的を叶えること。

これが、**共感セールス**です。

痩せたいというお客様がいたら、運動して痩せたいのか、食事制限で痩せたいのか、それとももっとラクな方法で痩せたいのか。お客様の要望をよく聞いて、それに応えるためにはどうしたらいいかを考えます。

カスタマー・トランスフォーメーションを意識していると、自然と自分がやるべきことが見えてくるということです。

もちろん、自分の商品が素晴らしいので、自信を持ってお客様にお伝えしたいという気持ちはわかります。でも、お客様が欲しいものに耳を傾けず、一方的に商品を提案するだけではお客様は離れてしまいます。

先日も、あるデパートの高級ブランドの子ども服売り場に出産のお祝いを買いに行ったところ、私が買ったセット以外にさまざまなものを勧められて、すっかり閉口してしまいました。

こちらにも想定している予算があるのに、「こちらもいかがですか?」「この商品も売れていますよ」「これもかわいいですよ」と何点も勧めてきます。

さらに「袋に入れてラッピングしてください」とお願いしたにもかかわらず、「お箱のほうが見栄えがいいですよ」とギフトボックスを勧めてきます。いちいち断るのも疲れてしまい、正直に言うと、次からはこの店はやめようと思ってしまいました。

せっかくお店に来て買い物をしている顧客がいるのに、顧客の視点ではなく、店側や自分側の視点に立って接しているため、売り込みになってしまうのです。

それでは、顧客はついてきません。いくらお店にブランド力があっても、お客様は離れていってしまいます。本当にもったいないことだと思いますが、こういう例って結構あるのではないでしょうか。

やや強引な売り込みを受けて疲れてしまいましたが、やはり相手の視点に立って考えるのは大事だなと改めて実感することができたのでした。

「くれくれ君」にご注意

相手の視点に立って物事を考えてみる。これは、コミュニティを運営している人だけでなく、コミュニティで活動している人にも大事なことだと思います。

たとえば、対談ライブをするときには、ただ自分が助けてもらうことだけを考えるのではなく、相手の立場やメリットも考えて行動することが大切です。

といっても、大げさなものでなくていいのです。

「今日は呼んでくださって、ありがとうございます」とか「この配信、いつも楽しく見ています」など、感謝の言葉や相手を立てる言葉が一言あるだけで、相手の気持ちも変わってきます。

人から何かを教わって、それを他の人に伝えるときは、「○○さんから教わったのですが」ときちんと名前を出して、相手に対する敬意を表す。

細かいことですが、こうした積み重ねが周囲の人の気持ちを動かします。

私のところには「三浦さんの配信で、私の商品を紹介して応援してください！」という依頼もたくさん来るのですが、その場合は「私の配信でも三浦さんのことを応援させていただきます」という一言があるだけでこちらの気持ちも違ってきますよね。

ときには、こんな人もいます。

「自分の商品を世に広めたいから、ぜひ紹介してください！」と意気込みはすごいのですが、伝わってくるのは、その人が自分の売り上げを上げたいという思いだけ。

私はこういう人を「くれくれ君」と呼んでいますが、先日も「くれくれ君」が「私を応援してください」と言ってきたので、「じゃあ、お互いに応援し合おうね」と言うとハッとしていました。それまで「お互いに」という意識がなかったのでしょう。

ベクトルを自分だけに向けるのではなく、一緒に成長しようという「お互いさま」の意識を持ちたいですよね。

もともと私自身は人の応援をするのが好きな性格で、人の応援ばかりしていて自分の時間がなくなってしまうことも多いのですが、前にも触れたように、長い目で見たら、人を応援したり支えたりすることで後から自分に返ってくることも多いので、決して損ではないと思っています。

ただ、いつでも重視しなければいけないのは、「お互いさま」の視点です。

また、自分の意に沿わない相手や商品なら、無理に応援をすることはありません。

人の応援も、余裕がないときや都合がつかないときには断ってもいいと思います。

コミュニティに入っても成長できない人の特徴

ところで、コミュニティを運営するときは、メンバー同士が安心して交流できるように、一定のルールをつくります。

私が主宰しているコミュニティでは、「メンバー間の売り込み」と「誹謗《ひぼう》中傷や悪口」の2つはやめましょうと言っています。

同じコミュニティのメンバーに商品を売り込まれると、つながりがある分、断りにくくなってしまいますから、禁止にしています。

誹謗中傷や悪口も、メンバーを傷つけて、コミュニティの雰囲気を悪くさせるので禁止。人の良い面を見るようにして、感謝を伝え合おうと呼びかけています。

そもそも私は、コミュニティ内だけでなくて、普段から人の悪口は言わないように心がけています。人の悪口を言っていると、どこかで回り回って、相手にも必ず伝わると思っているからです。

でも、悪口を言わないのって、意外と簡単なんですよ！

語尾を変えればいいのです。たとえば誰かに嫌なことを言われたときも、「こんなことを言われて嫌な思いをした」だと悪口になりますが、「こんなことを言われたけど、そう考える人もいると知って勉強になった」だと、悪口ではありませんよね。

「自分の失敗は誰かのためになる」という考え方と同じです。

嫌な出来事でも、その出来事をどう捉えるかによって結果は変わってきます。自分の失敗は誰かの成功の母になり、人から受けた行いも自分の学びになるのです。

また、世の中にはライバルや競合する人のことを悪く言って、お客様を取ろうとする人もいます。

「○○さんは自分より劣っている」という話をして相手を蹴落とそうという人もいるのですが、私は自分と競合する人のことを聞かれたら、**自分と相手の特徴と違いを話すようにしています。**

自分にはこういう特色があり、こういうことができる。

一方、あの人は初心者に親切で丁寧に教えてくれるとか、YouTube に詳しいなど、その人の特色を話します。

必ず、誰にでもその人なりの良さがあるはずです。もちろん自分自身にもありますから、それぞれの違いを話して差別化するのです。

どちらが良い、悪いではなく、お客様のニーズに適《かな》うほうを選んでいただけたらいいと思っています。

それから、コミュニティを主宰していると、いろいろな人が来ます。なかには、どうしたらいいのかなと困ってしまうような人がいるのも事実です。

たとえば、自分から参加したり行動したりしないのに、理想ばかりが高い人。

私のコミュニティにも、「月収１００万円稼げるように、指導してくれるんですよね」と言いながら、まったく行動しようとしない人もいました。でも、やはり自分自身が行動しなければ、結果にはつながりません。

また、「忙しい」「時間がない」と言って、動こうとしない人もいます。その人の都合に合わせてグループコンサルを設定したのに、参加しなかった人もいました。そうなると、周りも困ってしまいますよね。

そういう人がいたら、私はまず、じっくり話を聞くようにしています。

時間がないのなら、今は無理をする必要はありません。時間が取れそうになったら来てくださいと言っています。

自分から行動しようとしない方には、これからどうしたいのかをよく聞きます。

私自身も、どうしたいかわからずに「セミナー難民」を続けていた過去がありましたから、自分の過去の話をしながら、これからどうしたいのかを話し合います。

そもそも私だってYouTubeを始めるまでに1年もかかってしまいましたから、始められない人の気持ちもよくわかるのです。

でも、だからこそ、初めてでも始めやすいようなサポートをして一緒に頑張ろう、皆で支えるよ、と背中を押しています。それを試してみなければ、前に進めません。

もちろん現状を変えたくないなら、ライブ配信や起業する必要はありませんよね。

だから、**自分がどうしたいのか。どうなりたいのか。それが一番大事なのです。**

もう一度それを考えてもらって、「やっぱり、やってみたい！」という方には全力でサポートします。

31ページで書いたように、「決める」を決めることです。

それを決められないと、コミュニティに入っても、どこか人に依存しようとするところが出てしまうのだと思います。自分自身の思いが明確になっていないと、つい人に頼りたくなってしまうのでしょう。

また、何か問題が起きたときにも、人や他のもののせいにしてしまい、その結果、悪口も多くなる傾向があるようです。

ですから、まずは自分がどうしたいのか。それをじっくり考えることが大切です。

それから、Facebookグループを主宰していると、グループに関係のない宣伝など迷惑な投稿をされることもありますので、そのようなときは主宰者が投稿の制限をかける必要があります。

メンバーに迷惑がかからないように、グループ主宰者が責任を持って投稿の制限をかけ、しっかり守ることが大事です。

自分発信を続けると、出会う人が変わってくる

自分のコミュニティをつくって自分発信を続けていくと、次第にフォロワー数やメ

ンバーの数も増えていきます。今、私のグループに登録してくださっている人の数は4200人以上です。

人数が増えていくと、コミュニティ外に対する影響力も大きくなっていきます。

私は、2021年9月に新しい生き方と働き方を提案するオンラインイベント「パラレルキャリア　Live サミットShine2021」を開催したのですが、その際は、作家で精神科医の樺沢紫苑先生に登壇していただくことができました。

樺沢先生は、以前からイベントに出ていただきたいと思っていた憧れの人でした！

SNS総フォロワー数70万人超え、著書累計180万部超えという経歴を持つ超多忙な樺沢先生に、個人事業家が主宰するイベントに登壇していただけたのです。

私がライブ配信をしていなかったら、また自分でコミュニティをつくっていなかったら、たぶん夢のままで終わっていたと思います。私自身の影響力が低ければ、依頼を受けてくださることもないはずです。

おかげさまで、このイベントも3500人以上もの方が参加してくださって、大盛況でした！

こんな交流は、ライブ配信を始める前の私には想像もできませんでした。

自分発信を続けていると、出会う人も変わってくるのです。

私だけではありません。周りのライバーも、ライブ配信で人生が変わっています。

先にご紹介した青木メグさんも、育休切りでリストラされたけれど、ライブ配信を始めたら、今や月商7ケタです。飯田武史さんが会社員をやめることができたのも、ライブ配信をしていたからだと思います。

私もそうですが、会社での働き方や待遇に辛い思いを抱いていた人も、自分を発信することで人生が大きく変わっています。

そのカギになるのは、自分の情熱です。

自分の熱い思いを誰かに伝え続けると、それに共感した人が集まってくるのです。

私も「パラレルキャリアで理想の働き方を選択できる」という思いを伝え続けてきたことで、このように出版することもできました。

自分の思いを発信することで、共感してくれる人がファンになってくれるのです。

フォロワーを本当のファンに変える方法

今や、芸能人よりも、ＳＮＳのインフルエンサーが大きな影響力を持つ時代です。たぶん芸能人でも、安定して月に１００万以上のお給料をもらっている人は、それほど多くないのではないでしょうか。会社員もそうですが、何億円の売り上げがあっても、それは自分の自由になりません。

ライバーなら、時間もお金も自分の自由です。旅先のレポートで収入を得る人もいれば、コスメや美容法を試す動画で収入を得ている人もいます。

自分の好きな分野で発信して、収入を上げることができるのです。

ただ、そのためには、フォロワーをファンに変える必要があります。

では、フォロワーをファンに変えていくためには、どうしたらいいのでしょうか？

まずは頻繁に、また定期的に、ライブ配信や自己発信を続ける必要がありますが、**もっとも大事なポイントは、「価値提供」と「共感」**です。

まず「価値提供」というのは、視聴者にどれだけ有益な価値を届けられるか。

「こんなにためになる話が無料で聞ける」、または「たった3000円で勉強になる」など、値段以上の価値を提供できると、多くのファンがついてきます。

「共感」は、フォロワーの思いをどれだけ代弁できるかということです。

私は常に、自分のYouTubeやブログのトップページに会社員時代の悔しい思いや辛かった思いを動画にしてアップしています。

それによって、なぜ自分はパラレルキャリアを人に勧めたいのかという使命感をお伝えしているのですが、たくさんの人が「あれを見たら、自分のことだと思えてしまって泣いちゃいました！」と言ってくれるのです（実は私も、自分のことなのに見るたびに涙が出そうになります……）。

会社員、特に女性には同じような思いを抱えている人が多いのだと思います。

大事なことは、自分の思いや熱量を伝えることです。

会社でいえば「経営理念」に当たりますが、なぜ自分がそれをするのかという理念をきちんとお伝えする必要があります。

それが伝わると、共感を呼ぶのです。

それがなくて、単に「ここに来たら、これだけ稼げますよ！」「これでライブ集客できますよ！」というノウハウだけをお伝えしていると、それを知った方はすぐに離れていってしまいますし、コミュニティも長続きしません。

フォロワーがファンになってくれないのです。

どんなものも、ノウハウだけでは長続きしないのです。

人の心を動かすストーリーテリング

ただ、理念やマインドを語るのは恥ずかしいし、難しいという方もいます。

そういうときは「**ストーリーテリング**」がオススメです。

ストーリーテリングとは、自分の過去をストーリーのように語ること。

何かを伝えたいとき、物語のように語ると、事実を語るより人の感情を大きく動かして印象に残りやすいと言われています。スタンフォード大学で心理学とマーケティングの関係について研究するジェニファー・アーカー教授によれば、**事実や数字を並**

べて話すより、ストーリーがあることで22倍も人の記憶に残りやすいそうです。

聞き手は、人物の境遇や心情を自分と重ねやすくなるため、共感が高まるのです。

ただ、「ストーリーテリングをしよう」と言われても、慣れていない人はどうしたらいいかわからないかもしれません。

そこで、私のコミュニティでやっているストーリーテリング、通称「**谷山ブレイクスルー**」を紹介します。

自分の「谷」と「山」を考える

まず自分の過去の経験を振り返ります。

そして、辛かったとき、どん底だった時期のことを「谷」、その状態を乗り越えてブレイクスルーしたとき、成功した時期を「山」と捉えます。

谷山を語る

谷については、「こういうことで悩んでいた」という悩みの原因を探ります。

山については、「どうやってそれを乗り越えたのか」「何が成功のきっかけになった

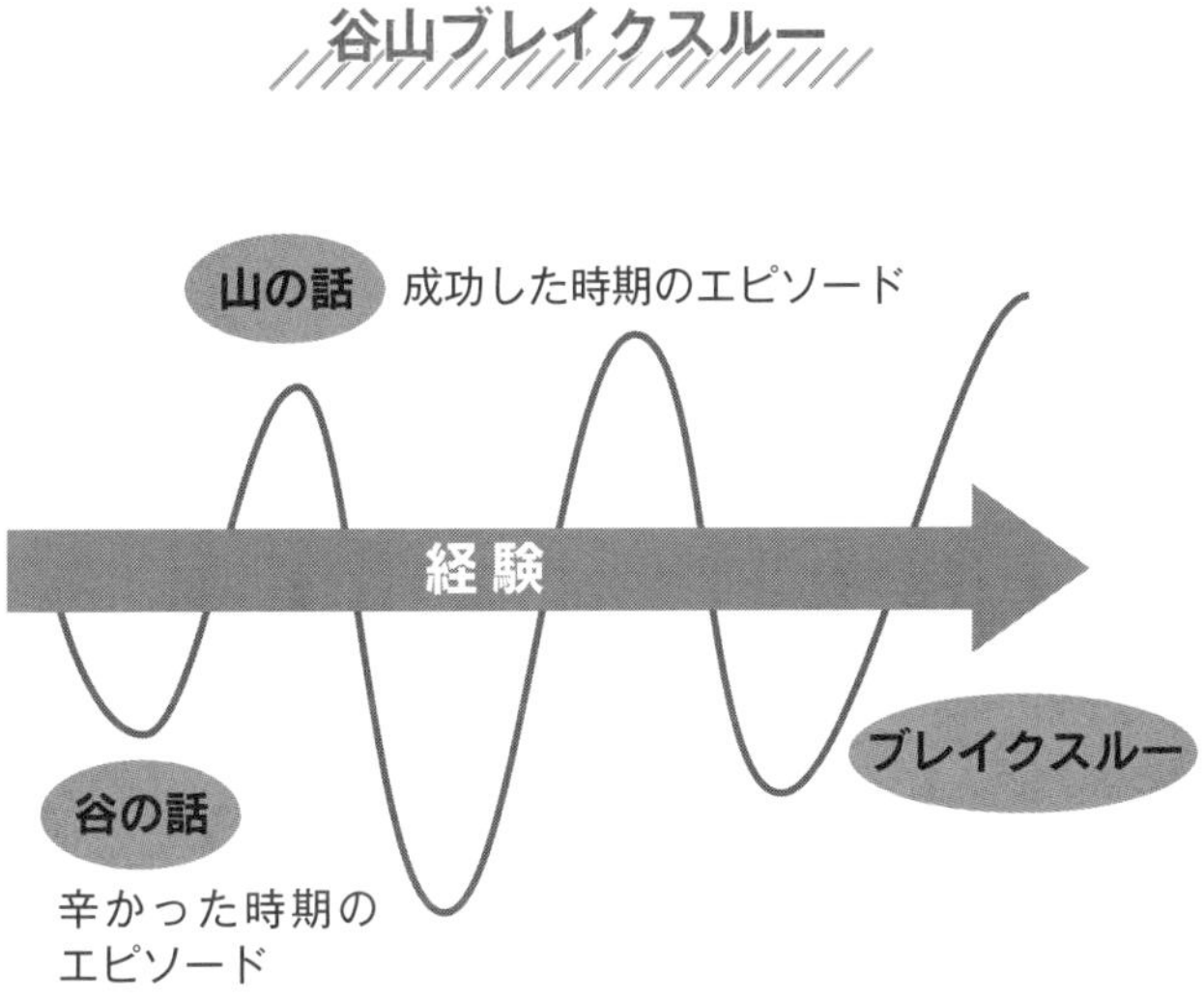
谷山ブレイクスルー
山の話
成功した時期のエピソード
経験
ブレイクスルー
谷の話
辛かった時期の
エピソード

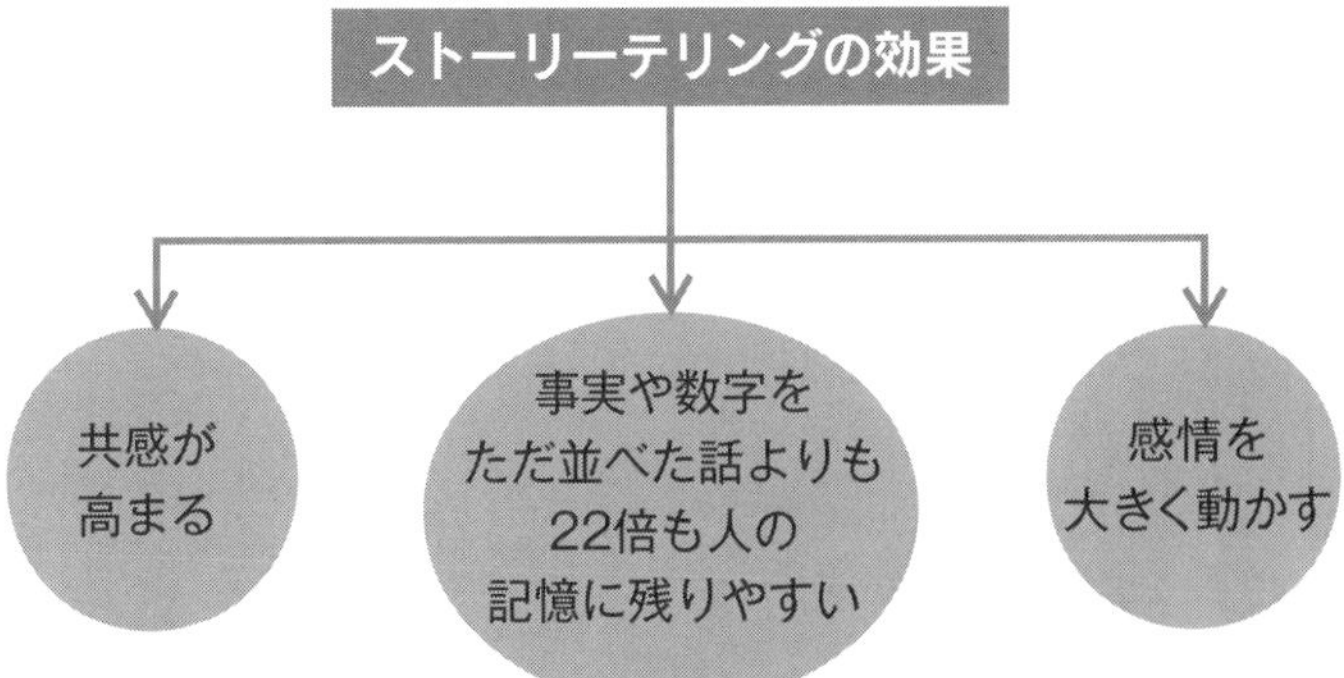
ストーリーテリングの効果
共感が
高まる
事実や数字を
ただ並べた話よりも
22倍も人の
記憶に残りやすい
感情を
大きく動かす

のか」と自分の成功要因を探ります。

自分のミッション、ビジョンを語る

その上で、「自分は何をしたいのか」というミッションやビジョンを語ります。単なる苦労話や自慢話で終わらせるのではなく、「その経験があったからこそ、この商品を届けたい！」という理念につなげるのです。

印象的な体験談やエピソードなどをストーリーのように話すことで、聞き手に強く印象づけることができます。そして、その経験があったからこそ、この商品があるという流れが、あなた自身や商品の説得力を増すのです。

自分が悩んでいたことが「職業」になる

私の例でいえば、最初の「谷」は、手取り20万円のOLをしていたときです。

そして、最初の「山」は副業で5万円を得たときです。山というほどではありませんが、当時は初めて自分だけで得たお金でとても嬉しかったので、小さな山ですね。

「谷」はもう一度、やって来ました。伸び悩んでいた複業時代です。

某起業家に会社員であることを批判されて悔しい思いをしたこともありましたし、当時はまだライブ配信をしていなかったので、セミナーのために銀座に高いお金を払って部屋を借りたら、お客様が1人しか来なくてぼう然としたこともあります……。

でも、その後、Facebookとアメブロだけでなく、メルマガも始めたら、月商7ケタになりました。それが私のブレイクスルーです。

この後、さらにライブ配信で加速することになりました。

ぜひ皆さんも、自分の過去を振り返って「谷」と「山」をまとめてみてください！

先日も『売れる商品作成　7Daysチャレンジ』というオンライン講座をした際に、視聴者に「あなたの谷と山を教えてください！」と呼びかけたところ、いただいたコメントは、なんと900以上！

また、それぞれの人のブレイクスルーを知ると、「よく頑張ったね！」「そんな方法があるの？」と驚くことも多くて、コメント欄もとても盛り上がりました。

結構、ディープなことも書かれていましたよ。

起業に失敗して、家族の介護で大変な思いをした人。

離婚して、子どもを抱えて辛い思いをしていた人。

会社のお給料が手取り13万円で生活に困っていたけれど、起業して今や月商7ケタのライフコーチになった人もいました。

この人も、自分自身の辛い時期を振り返り、そこから学んだことを商品に生かせたからこそ、今は売れっ子のライフコーチになっているのでしょう。

辛かったとき自分は何に悩んでいたのか、それをどう乗り越えてきたかを語ることによって、多くの人の共感を呼ぶのです。


ですから、自分の谷と山をきちんと振り返って語ることのできる人ほど、売れる商品をつくることができるとも言えます。

その上で、自分だけのミッションとビジョンができると、ストーリーテリングが一貫して、自分の軸がブレることがないのです。

私が今「複業、複業」としつこく言っているのは、自分が会社で辛い思いをして、しかも複業できずに悩んでいたからです。

売れているダイエットのコーチなら、自分自身がダイエットに成功し、太りやすい生活を克服できたからこそ、説得力が出るのです。

言ってみれば、**自分が悩んでいたことが「商品」になり、「職業」になる**ということ。過去の経験が、これからのあなたのミッションやビジョンをつくるのです。

なお、ストーリーテリングは、精神状態がいいときにしてください。

気分が落ち込みすぎているときは、無理にやらないほうがいいでしょう。ただ自分の闇を語っても周りが引いてしまいますし、愚痴になってしまうと、相手には何のメリットもありません。

コツは、自慢話にも愚痴にもならないように、自分の過去の失敗も客観的に振り返って、ミッションやビジョンを考えてみることです。

この章のまとめ

▼メンバーが応援し合っているようなコミュニティに入るのがベスト

▼「皆でおしゃべりする場をつくる」という感覚で、自分のコミュニティをつくる

▼常にお客様やコミュニティのメンバーがどう成長できるか、その価値を与えられるかを意識する

▼自分の過去をストーリーのように語るストーリーテリングで「共感」を得ることでファンができる

終章

年収1000万円も夢じゃない！
理想の未来のための人生とお金のマインドセット

章末特典

動画でわかる！

「ライブ配信とコミュニティ運営はなぜ相性が良い？」

※下記、QRコードを読み込んでご覧ください
（予告なく動画サービスが終了する場合もあります）

夢を実現するための「人生とお金のマインドセット」

いよいよ、この本も最後の章になりました。

ここまで読んでくださったあなたは、ライブ配信やオンライン起業の魅力を知ってくださったのではないかと思います。そして、まずは発信してみようと行動してくれることを願っています。

そして、最後の章では、その発信の経験を最大限に生かして、もっともっと大きな夢をつかむための考え方についてお伝えしたいと思います。

それは、夢を実現するために必要な「人生とお金のマインドセット（思考様式）」です。

これを心がけることで、理想の働き方を手に入れることができるはずです。

マインドセット① 価値提供こそ、すべて！

まず一つ目のマインドセットは、「値付け」についてです。

夢を実現するための「人生とお金のマインドセット」

①価値提供こそ、すべて！

②マーケティングは人を幸せにする

③成果を出している人から学ぶ

④レッド・オーシャンを狙え

⑤応援している人が成功する

⑥壁がきたら「チョロいの法則」で脳を騙そう

⑦理想の働き方は自分でつくる

私はよく講座などの商品の値付けについて聞かれるのですが、その基準はズバリ「価値提供」です。**あなたはどのくらいの価値を提供できるのか、**ということ。

お客様に高額をいただくことに抵抗がある人もいますが、その一方で、最初のフロントセミナーから1万円以上の値を付けようとする人もいます。

フロントでは無料か低額にして、まずは間口を広げたほうがいいとアドバイスしても、「いや、私のサービスは1万円くらい付けないと……」と言うのです。

でも、YouTubeを見てください。

売れているYouTuberさんは無料です。

あのヒカキンさんも、売れっ子の樺沢紫苑先生も、毎日無料で動画配信をしています。すごい人ほど無料でやっているのです。しかも、多くの視聴者を楽しませるクオリティの高いものを！

「そんな人たち以上に、あなたは価値を提供できる？」と聞くと、たいていの人は意表を突かれた顔をします。そこまで努力している人は、ほぼいないからです。

だから、ずっと無料でやったほうがいい、と言いたいのではありません。

自分の売り上げから考えるのではなく、与えられる価値から考えるということです。

無料でも、視聴者に有益な価値を提供できれば、こう思ってもらえるはずです。「無料でここまで出してくれる人の有料講座って、どれだけすごいんだろう⁉」。まずは価値を提供して、そこまで思わせることが大事なのです。

起業を教える塾やオンラインサロンなどのなかには、「講座の価値を高めるために20万円以上、30万円以上の講座をつくりましょう」と教えている先生もいますが、それはやはり、お客様よりも自分にベクトルが向いている考え方ですよね。自分にベクトルが向いていると自分本位な値付けになりやすいのですが、その値段以上の価値をお客様が受け取れるかどうかのほうが大切です。

ですから、最初は自分と競合する人や企業の付けている値段を調べ、それ以上の価値を届けられるかどうかを考えて、おおよその価格を決めていくといいでしょう。

競合の値付けを見て、自分にも同じくらい価値があると自信を持てるなら、もちろん30万円でも構いません。

私は、調査のために他の人や企業の商品を購入してみることもあります。自分でその価値を体感してみて、値付けの感覚を養っていくのです。

おおよその価格を決めた後も、**お客様に与えられる価値を基準に考えて「心地よい価格」を探っていく**必要があります。

たとえば先日、月商1000万円を達成したライバーさんは、バックエンドの本講座の値段を、最初は2万9800円にしていました。私はもっと価値があると思っていましたが、本人が自信の持てる価格でなければ、安心して売れません。

実際、その講座はたくさんの人に受け入れられました。

受講した人たちの成果も出てきたので、彼女は6万9800円、7万9800円と値を上げていきました。また、24万円の上級コースもつくったところ、それにもきちんとお客様がついていていました。

自分の経験値と自信に見合った価格にしたことで、自分とお客様の両方が心地よく感じられる価格を付けることができたのです。

いきなり20万円とか30万円の高額商品をつくっても、売り上げがずっとゼロだったら、意味がありませんよね。誰にも価値を提供できないのです。

ここでも大事なことは、カスタマー・トランスフォーメーション（顧客の成長）です。お客様の成果が出ていたら、値を上げていってもいいと思います。

でも、成果が出ていないなら、逆に価格を下げたほうがいいでしょう。お客様の成果が出なかったら、苦情が出てしまうこともありますから。

先日も、他の起業塾で30万円以上の商品をつくることを教わってきた人が、半年間で30万円という商品をつくっていましたが、お客様の成果が出ていないようだったので、私は値下げしたほうがいいとアドバイスしました。

ただ、本人のやる気が落ちてしまうのも良くありませんから、半年間で30万円ではなく、60日間で9万8千円にしてはどうかと提案しました。お客様がその後も続けてくださったら、結果的にはそこまでの値下げにはなりませんよね。

でも、お客様の成果を出し、その後も継続していただくためには、やり方を工夫する必要があります。それも大変なことですが、それを積み重ねていけば、自分自身のスキルやノウハウになっていきますから、そのうち、心から自信を持って30万円以上の商品も売れるようになるはずです。

とにかく「価格ありき」ではなく「価値ありき」で考える。それが一番大切です。

マインドセット② マーケティングは人を幸せにする

私は第4章で「損して得を取れ」と書きました。お金はどこかで返ってくるから、お金に執着しすぎないことが大事、と。

ただし、**お金の相場やマーケティングの仕組みを知っておくことは重要**です。

たとえば、「100人集めて、集客できるのはだいたい5人、成約できるのはその半分」といった数字を知っておくと、悩んだり迷ったりすることが減ります。

先日も、初めてフロントセミナーを開催した人が、「セミナーには5人、次のお茶会には3人しか参加してもらえませんでした」とショボンとしていたのですが、いやいや、Facebookグループに100人集めて、最初のセミナーに5人参加してくれたら大成功です。しかも、お茶会には3人も参加してくださった。素晴らしいです！

でも、こうしたことを知らないと、5人とか3人という数に感覚的に引きずられてしまうのです。

また、相場を知っておけば、次につなげていくこともできます。

今回は100人集めて5人集まった。マーケティング的には合格。でも、こんな工夫をしたら、次は10人集まるかもしれない。反対に、100人集めて2人しか集まらなかったとしたら、いつもと何が違ったのかを考えてみよう。

そんなふうに、基準値を知っておくことで何が売り上げに結びつくのかという戦略を考えることができるのです。


数字や相場は、売り手だけでなく買い手にも必要です。

たとえば、お店に入って売り物の値段が出ていなかったら怖くて買えませんよね。

オンライン講座も同じです。いくらかわからないと、人は行動できません。

「これまでライブ集客の方法をお伝えしてきました。では実際に、このライブ配信を使って月商100万円を目指してみませんか？　60日間であなたができるようにサポートします。その価格は19万8000円です」

と、数字を出したオファーがあって初めて人は具体的に検討できるのです。

その数字が自分に合っているか、自分にとって無理のない範囲かなどを考えてみて、ようやく「それならやってみたい」と検討してもらえますから、まずはきちんとこちらから数字を提示することが大事です。

その上で「いや、19万8000円は高すぎる」ということだったら、相手の要望とこちらの条件を調整して、内容や価格を変えていけばいいのです。

それを高いと思うか、安いと思うかは相手次第です。年収2000万円の人にとっては安いかもしれませんが、初めて自己投資する人には高いと感じるでしょう。

ですから、だいたいの相場を知った上で、自分の与えられる価値と、相手の求めている価値のバランスをとっていくことです。

このように、ビジネスの相場を知る、つまりマーケティングを知ると、必要以上に悩まなくなり、自分のとるべき戦略も見えてきます。ですから、人はマーケティングを知ると幸せになるといえるのです。

それから、たくさん儲けられなければ駄目だと焦っている人や、少額だったらやる意味がないと言う人もいますが、私はそんなことはないと思っています。

そのときの自分のサイズに合った値付けをすることが大事です。

どんなに少額であっても、自分は誰かに価値を提供することができる。まずはそのことを誇りに思ってほしいと思います。その価値提供が、次第にあなた自身の価値を大きくアップしていくのです。

そして、得たい収入額があるなら、逆算して値付けを決める手もあります。

たとえば、月商100万円が欲しい場合は、一つの商品の値段を2000円にしたら、かなり大変ですよね。それなら商品を5万円にして、20人以上に売ることを考えるなど、商品構成も変わってきます。得たい収入を明確にすると、商品の内容や売り方も決まってくるのです。

ただし現実的なことをいえば、収入が増えると課税額もどんどん増えていきます。ですから、やみくもに収入額を増やそうとするのではなく、その収入で何をしたいのか、何のためにそのお金を得るのかをきちんと考えてみたほうがいいでしょう。

マインドセット③　成果を出している人から学ぶ

3つ目のマインドセットは、成果を出している人から学ぼうということです。

多くの人がやりがちなのが、ライブ配信をしよう、複業をしようと言って、いきなり自己流でやり始めてしまうことです。

スポーツでもそうですが、何かを始めるときには、自己流でやろうとしても成果は上がりませんよね。

私はいつも「**自己流は、ジコる**」と言っているのですが、自己流でやってうまくいかなかったという人は多いです。

そういうときには、師匠につくことや、うまくいっている人の真似をするのがオススメですが、実は一番多いのが、友人や知人の真似をして失敗するパターンです。

先日も、こんなことがありました。

オンライン講座を始めたばかりの人がフロントセミナーを５０００円に設定していたので、最初は無料にするか、有料にするとしても１０００円くらいにしたほうが参加者も集まりやすいという話をしたのですが、やはり５０００円がいいと言います。

でも、やはり１人も集まりませんでした。

その後、９８０円にすると30件以上申し込みがあり、本講座に進む人もいました。

では、この人はなぜ最初に５０００円にしたいと言ったのでしょうか？　よく聞いてみると、知人の価格設定を参考にしたのだそうです。

でも、その知人が成果を出しているのかというと、出していません。

知り合いや友人というのは、普段からよく知っている人です。その人が頑張ってい
るのを見ていると、それに引きずられてしまいがちです。結果的に、相手がきちんと
成果を出しているかどうかまで確認せずに同じようなことをしてしまうのです。

その気持ちはわかりますが、やはり成果を出していない人の真似をしたら、失敗す
るのは当然ですよね。

ですから、成果を出している人から学ぶことが大事です。

商品の内容や値付けだけでなく、その人がどんな言葉を使っているか、どんなタイ
トルにしているか、なども参考にしてみるといいでしょう。

マインドセット④　レッド・オーシャンを狙え

4つ目は、競合相手がひしめき合うレッド・オーシャンを狙うということです。

事業をする際、競合のいない未開拓市場や競合の少ないブルー・オーシャンを勧め
る人もいますが、パラレルキャリアワーカーや個人事業家にはオススメできません。

なぜなら、未開拓市場にはライバルがいない代わりに、お客様もいないからです。その市場をたくさんのお客様に知ってもらうには、時間もお金もかかります。その仕掛けや仕組みをつくっていかなければいけませんから、パラレルキャリアワーカーや個人事業家にとっては非常にハードルが高いのです。

レッド・オーシャンは、その反対です。

競争が多いということは、それだけ多くの需要があるということ。もちろん競争相手が多いなかで生き残っていくのは大変ですが、まず需要がなければ始まりません。

正直にいうと、ライブ配信やオンライン起業も競合は多いです。でも、**売れる市場だからこそ、売り上げも上がる**のです。

では、このレッド・オーシャンのなかで生き残っていくためには、どうしたらいいのでしょうか？

それは、**ニッチな分野でトップ（小さなお山の大将）を狙う**こと。

以前、お客様の心をつかむためには自分の強みを生かすことが大事だと書きましたが、さらに上を狙うなら、自分の強みや特技を3つ、4つ掛け合わせて、あなただけにしか出せない強みやオリジナリティーを出す必要があります。

たとえば、ダイエット業界もかなり競争の激しい市場ですが、元エステティシャンのある方は、美容の知識だけではなく身体の知識にも詳しいため、その人の細胞の特性を生かしたダイエット指導を行って、唯一無二の存在になっています。「ダイエット」に「美容」と「細胞」を掛け合わせて、自分にしかできないオリジナルな商品をつくっているため、競合が激しい市場でもライバルはいなくなるのです。

私も「起業塾」だけだとライバルだらけですが、多数のパラレルキャリアを経験してきた「パラレルキャリアの専門家」、ライブ配信を使った「ライブ集客の専門家」、さらに多数のSNSを駆使する「SNS発信の専門家」など、いくつも掛け合わせることで、自分だけの強みを出して差別化しています。

3~4の強みを掛け合わせると、あなただけの強みとなってニーズが増すのです。

そのためには、自分を振り返って強みや特性を探して増やしていくことです。

これを続けていけば、月にプラス10万円どころか、年収1000万円、いえ、月商1000万円や2000万円という世界も夢ではなくなるでしょう。**年収が月収になる**という感覚です。

ぜひ、自分の強みをたくさん見つけてください。

マインドセット⑤ 応援している人が成功する

マインドセットの5つ目は、**他人を応援できる人、他人に与えられる人が成功する**ということです。

実際に、億越えの起業家さんたちを見ていると、自分1人が成功すればいいという自分本位な考えを持っている人はいません。

そういう人こそ、多くの人を応援しています。そして、その人自身も多くのファンから応援されています。

応援されている人は、必ず誰かを応援しているのです。

私のコミュニティでも無償で他のメンバーを応援できる人が多くて、いつも本当に素晴らしいなと思っているのですが、メンバーたちはお互いに応援し合うことで、相乗効果を高めて成果を上げています。そして、お互いに成長しています。

そこには、前に紹介したような「くれくれ君」はいません。

自分のことしか考えない人は、強引な手口で最初こそ利益を得るかもしれませんが、長い目で見たら絶対に成功しません。一方的に自分だけを愛してほしいと望み、他人に何も与えられない人に、本当の仲間やファンはつかないからです。

よく、「ギバー（他人に与える人）になると、成功する」といいますよね。

私自身も、これまで頼まれ事ばかりされてきました。

特に会社員時代は頼まれて断りきれず、自分の仕事ではないものまでし、残業もしていました。自分は損ばかりしていると思っていましたが、後から考えてみれば、いろいろな仕事をしてきたからこそ、今の自分があります。また、あまりに頼まれ事ばかり引き受けて心をすり減らしたからこそ、複業を意識するようになったのです。

ですから、今、人に与えてばかりで自分は損をしていると思う人は、自分は成功への第一歩を歩んでいると思っていいと思います。

ただし、人を応援することや人に与えるのは大事なことですが、自分を犠牲にするのは良くありません。他人の利益ばかり考えて、自分の利益や幸せを顧みないと、自分自身が疲れて燃え尽きてしまいます。

ペンシルベニア大学ウォートン校で組織心理学を教えるアダム・グラント教授は、著書『ギブアンドテイク「与える人」こそ成功する時代』（三笠書房）のなかで、**もっとも成功しやすいのは、他人のことだけでなく自分自身のことも思いやりながら、他人に与えられるギバー**だと述べています。

自分の利益と、他人の利益。この両方を意識することが大事なのです。

また、忙しくて辛いときこそ、ミッションやビジョンが必要です。

「自分は何のためにやっているのか」「自分は何がしたいのか」が明確になっていると、辛いときにも、ぐっと踏ん張ることができるからです。

私も、家族のためのお金も大事ですが、よく考えてみると、一番の報酬はお金ではありませんでした。「さやかさんのおかげで人生が変わった」「さやかさんに学べて良かった」と人から喜んでもらえることです。

パートをしている主婦で、これまで上司に言いたいことを言えずに我慢していた人が複業を始めて月に30万円稼げるようになり、「ついに、上司に言いたいことを言って辞表を出せました!」なんて嬉しそうに報告してくれるのを聞いたら、自分のことのように嬉しくなってしまいます。

自分には、もっと大きな可能性がある。

自分で自由に選べる人生がある。

もっと多くの人がそれに気づいて、実行できるようにサポートしたい。それが私のやりたいことです。ずっと苦しい思いを抱えて我慢していた時代があったからこそ、同じように苦しんでいる人を応援したいと思うのです。

マインドセット⑥ 壁がきたら「チョロいの法則」で脳を騙そう

「チョロいの法則」、皆さんは聞いたことがありますか?

これは私が尊敬する先生から教わった法則なのですが、難しいと思ったときや壁にぶつかったとき、**「チョロい、チョロい」と自分に言い聞かせると、それを聞いた脳が「快」の状態になって脳を騙《だま》すことができる、**というのです。

これは、私も身に覚えがあります。私が複業を始めた頃、カメラ転売の仕事をしたことは前に触れましたが、なぜ、この仕事がまったくできなかったのだろうと考えてみると、自分の性格に合わない仕事だったことも大きいのですが、何より「カメラの取扱説明」と「英語での取引」という2つの要素を見て、「うわぁ、難しそう！」と最初に思ってしまったからだと思うのです。

脳が「難しい」と思い込んでいるために、まったくできませんでした。

「大変」とか「無理」などが口癖になっている人もいますが、それは「チョロいの法則」の真逆です。問題を難しく捉えるように脳に指示しているのと同じで、自分で物事を難しくしてしまっているのです。

YouTubeを始めたときも、最初はハードルが高く思えてずっと手をつけられなかったのですが、実際にやってみると、少しずつですが反応をいただけて、だんだん楽しくなってきました。

ですから、頭のなかで「大変」とか「無理」などと思い込まず、まずは「チョロい、チョロい」と言い聞かせてやってみることです。

それが簡単なことでも、難しいことでも、「チョロい、チョロい」と自分に言い聞かせてトライしてみる。そして次に進む。その小さな成功体験の積み重ねが、大きな成功につながっていくのです。

また、自分が口に出す言葉は自分だけでなく、周りにも大きな影響を与えます。

ですから私は普段から口に出す言葉にも気をつけて、ネガティブな言葉はなるべく口に出さないようにしています。

たとえば「疲れた〜！」と言うと、聞いた人も疲れてしまいますから、「疲れた」ではなく、「ちょっと休憩しよう」とか「お茶でも飲もう」という言葉に変えます。

前にも触れましたが、悪口と一緒です。「あの人に嫌なことをされた」とネガティブを吐き出すだけで終わるのではなく、「勉強になった」とか「自分はそれをしないようにしよう」と、その次の行動までセットにして考えるのです。

そうすると、自分の性格も、次第にポジティブな方向に変わっていきます。

皆さんも、新しいことを始めるとき、壁にぶつかったとき、挑戦しなければいけないとき、この「チョロいの法則」を思い出してみてください。

「チョロい、チョロい」でもいいし、「できる、できる」「大丈夫、大丈夫」でもいい。

とにかく自分が楽に思える言葉を言い聞かせて、脳を騙すことです。案外、簡単に騙されて、できるようになりますよ！

マインドセット⑦　理想の働き方は自分でつくる

いよいよ最後のマインドセットになりました。

マインドセットの7つ目は、「理想の働き方を自分でつくる」ことです。

働き方といえば、皆さんは、2021年9月にサントリーホールディングスの新浪剛史社長が発言した「45歳定年制」を覚えていらっしゃいますか？

新浪社長は、アフターコロナの日本経済の活性化策についてこう発言したのです。

「45歳定年制を敷き、個人は会社に頼らない仕組みが必要だ」。

これを聞いて、私は大きな衝撃を受けました。そして、これは大手企業が複業をしなさいと言っているのも同然だと思いました。

これまでの会社の「常識」から考えると、45歳といえば、まだまだシニアには遠いミドルエイジ世代です。子どものいる家庭なら教育費が一番かかる時期かもしれません。その年齢で再就職するのは不可能ではありませんが、かなり大変ですし、会社を追い出されたら困ってしまうという人も多いはずです。

でも、考えてみれば、最近の若い世代のなかにはＩＴやＳＮＳに強く、仕事ができる人もたくさんいます。これからはベテラン世代に高い給料を払うのではなく、若い世代に仕事を任せたいと思う経営者が出てきても不思議ではありませんよね。

やはり、一つの会社だけに勤めるという時代ではないのでしょう。

もはや終身雇用制も崩れつつあります。少なくとも社会が成長し続けていた時代とは違い、会社員という働き方も決して安泰ではないということでしょう。


ということは、私たち個人の側にも変化が求められているということです。

今までのように毎月、自動的に会社からお金が入ってくることは、もう当たり前ではないのかもしれません。

常にそのことを覚悟して、自分自身の価値を明確にしておく必要があるでしょう。

私のコミュニティにも、大手の上場企業の管理職をされている女性がいます。

有名企業の管理職なので、もちろん年収も高いのですが、それでも、会社勤めでは得られない自由な時間が欲しい、何より「自分で選択できる人生」が欲しいと言って、オンラインのセミナー講師をされています。今は複業ですが、いつか会社を辞めて独立したいとも考えていらっしゃるようです。

今や、上場企業の管理職でも、複業や独立を考える時代になったのです。

実際に、オンラインでセミナー講師をすれば自分の過去の経験も生かせますし、やり方次第で収入も大きくアップしていくこともできます。

独立すれば、自由な時間も手に入ります。

何より「自分で選択できる人生」を持つことができるのです。

また、起業した後も収入の柱は多いに越したことはありません。

仮に一つの仕事の売り上げが落ちても、別の収入源に助けられることもあります。

収入源をいくつも持っていれば金銭的な余裕が生まれ、精神的にも安心できますよね。

今は、ネットを使って気軽に始められる時代です。

もちろん誰にでもできるとは言えませんが、やり方さえわかればできる人は、皆さんが想像する以上に多いのです。

今、会社で不満を感じている人。仕事をしたくても、子どもが小さくて会社勤めが難しいという人。これまで自分が蓄積してきた知識や経験を無駄にしたくないという人。将来に不安がある人。

こんな人たちに、私は何度でもお伝えしたいと思います。

未来は、自分でつくることができます！

自分の理想の働き方は、自分の手でつくることができるのです！

さあ、あとは、あなたが一歩を踏み出すだけです。

この章のまとめ

▼サービスの値付けは、
お客様に与えられる価値を基準に考えよう

▼お金の相場やマーケティングの仕組みを知ろう

▼自己流は、ジコる。成果を出している人から学ぼう

▼競争が多いということは、多くの需要があるということ。
レッド・オーシャンを狙おう

▼他人に与えられる人が成功する。人を応援しよう

▼壁にぶつかったら「チョロい、チョロい」と自分に言い聞かせ、
脳を騙してしまおう

▼理想の働き方は自分でつくれる。自分で一歩を踏み出そう

三浦さやか（みうら さやか）
パラレルキャリア（複業）の専門家。「おしゃべり起業」コンサルタント。株式会社Lutz（ルッツ）代表取締役。パラレルキャリア・ビジネスアカデミー（PBA）主宰。2社経営。普通の会社員、起業家を複業で月収７ケタ以上稼がせる「おしゃべり起業のプロ」として活躍。主宰するセミナーを通じて12,000名以上の受講生を指導、月収100万円〜1700万円達成者を続出させる。自身も法人設立後、わずか3年で1億円プレイヤーとなった。「手軽で誰でもできる」と評判の「おしゃべり起業プログラム」は幅広い層に支持され、現在は、日本全国・海外23カ国の塾生600名以上に、海外仕込みの新しいマーケティング、ライブ動画とオンラインを使った働き方を提案し、その成功に尽力している。

１日《にち》１５分《ふん》のスマホ配信《はいしん》で月収《げっしゅう》プラス１０万円《まんえん》
超簡単《ちょうかんたん》！　おしゃべり起業《きぎょう》の教科書《きょうかしょ》

2021年12月18日　初版発行

著者／三浦《みうら》 さやか

発行者／青柳 昌行

発行／株式会社KADOKAWA
〒102-8177　東京都千代田区富士見2-13-3
電話　0570-002-301（ナビダイヤル）

印刷所／凸版印刷株式会社

ISBN 978-4-04-605472-2　C0034

巻末特典

年収が月収に実現できるのも夢じゃない
スペシャルプレゼント！

本書では、自分の人生、働き方をパラレルキャリア（複業）で自由に選択できるようにするためのマインドセットや方法をお伝えしてきました。

そこでさらに、読者の方々が「おしゃべり起業」で自由で幸せな人生を手に入れられるように、3つのスペシャルプレゼントをお届けいたします！

プレゼント①

売れるライブ配信！
三浦さやか「おすすめスターターキット」
（美肌カメラ、三脚、ライブ配信ソフトのご紹介）

プレゼント②

Instagram、Facebook、YouTube、Clubhouse、Twitter、
アカウント作成法

プレゼント③

ITが苦手でも大丈夫、初心者でも月収＋10万円を達成できる
秘密のおしゃべり起業法

上記の3つのスペシャルプレゼントが入ったWEBページへは、下記のQRコードからお進みください。

【プレゼントを受け取る】

※公開期間が限られていますので、あらかじめご了承下さい。（予告なくサービスが終了する場合もあります。）